目次

第三部　**関係資料**

第一部　三潴先生自選文集

スミレ物語

毎年春サクラが咲き誇るその時期に、申し合わせたようにスミレが花を咲かせます。麗澤大学はサクラの名所としても知られていますが、そのサクラ並木でも、毎年サクラの根元に沢山のスミレが咲きます。

しかし、行き交う人はともすればサクラにみとれ、スミレには気がつきません。時には踏みつけてしまうヒトさえいます。

その上、サクラは数日で散り始めます。花びらが地上に散り敷き、おかげでスミレの花はまったく目立たなくなります。それを目の当たりにし、スミレの気持ちを思い、毎年やりきれない気持ちで一杯でした。

ある年、一本の枯れたカエデの洞にスミレが芽吹きました。地上八尺はあるでしょう。実に誇らしげに花をつけていました。

「まあー珍しい！」。行き交う人も目に留めます。もうサクラの花にもヒケを取りません。

あたり散り敷く花びらの
ソメイヨシノの花びらの
淡いピンクにまぎれつつ
スミレの花がひそと咲く

行き交う人の足元に
はしゃぐ童の足元に
踏みしだかれて身悶えて
スミレの花はなおも咲く

同じ北風耐えたのに
同じ風花浴びたのに
サクラは天に聳え咲き
春の陽射しを紡いでる

同じ北風耐えたのに
同じ風花浴びたのに
スミレは今もうずくまり
過ぎ行くヒトの影に咲く

地上八尺立ち枯れた
楓の古木、うろの中
ある日スミレが顔を出し
たくさん花をつけていた

三年過ぎたある日、強風が吹き、朽木はドウと倒れました。洞は木っ端微塵に砕け、スミレも地上に投げ出されて、八尺を超える根があらわになりました。

思うに必死に地上から養分を吸い上げていたのでしょう。しかし、所詮は他力本願だったのです。

翌年、朽木のあった根元に沢山のスミレが咲きました。あのスミレの子供たちです！散り敷いたサクラの花びらが雨に消えても、スミレは逆にしっとりと色鮮やかに咲き誇り、人々の目を惹きつけました。

絢爛と咲き誇り、惜しげもなく散っていくサクラの花も素晴らしいのですが、地上のスミレのように地道に力強くしっかりと根を張る息の長い命もまた素晴らしい。

その上でそれぞれが自分なりの咲かせかたをできればなんと素晴らしいことでしょう！

サクラに負けず高く咲き
ヒトに踏まれず高く咲き
春の陽射しを身に浴びて
行き交うヒトも振り返る

三歳の時がうち過ぎて
古木も今は朽ち果てぬ
ドウと倒れて砕け散り
スミレは果つるその命

短き栄華潰え去り
後に残るは八尺の
地上に届くスミレの根
哀れ健気なそのすがた

カエデの株の周りには
スミレが今も咲き誇る
ソメイヨシノと妍競い
散ったスミレの子供達

あたり散り敷く花びらの
ソメイヨシノの花びらの
淡いピンクにまぎれつつ
スミレの花がひそと咲く

「韻律から見た現代中国語白話書面語（論説体）の特徴」初探

初めに

中国との経済活動が活発に行われるとともに、ビジネス用言語として、英語以外に〝商务汉语〟「ビジネス中国語」の重要性が日増しに高まっている。中国は世界に向けて孔子学院を展開して中国語および中国文化の普及に努めており、国務院直属の漢語基地が全国十数カ所の大学に設置されているが、その中で、北京対外貿易大学と上海財経大学にビジネス漢語基地が設けられていることはあまり知られていない。

この両大学ビジネス漢語基地は、世界に向けてビジネス中国語を普及させるために積極的にその開発に取り組んでおり、そのための国際会議もここ数年、継続して開催されている。北京対外貿易大学では、すでにＢＣＴ（ビジネス中国語検定試験）を開発、日本でも実施しているが、その一方でビジネス中国語の領域の確定は今なおはなはだ曖昧であり、これが、教育方法や教材整備の上での障害になっている。

その根本的な原因は、すでに文法体系がほぼ確立されている現代中国語口頭語に対し、現代中国語白話書面語の研究がほぼ手つかずの状態にあることが挙げられる。例えば、現在市販されている一般の文法書で現代中国語の口頭語と書面語の文法上の違いをきちんと体系的に説明している書は皆無に等しく、テキスト上ではなおさらである。

辞書はどうかというと、中国で出版された辞書にしろ、日本で出版された辞書にしろ、凡例を見ると、それなりに書面語を区別して説明しようという意図は垣間見られる。しかし、それらを個々に検討すると、厳密な検討が行われたというには程遠く、かなり恣意的であるとの観を否めないし、基準も異なり、統一性も欠いている。(1)

本稿では、以上の前提から、〝商务汉语〟を厳密に規定する前段階の基本作業として、現代中国語白話書面語について考察を進めることとする。

一般に〝商务汉语〟と言う場合、おおむね二つの領域に分けられる。ビジネス活動に関わる話し言葉、すなわちビジネス会話と、ビジネス活動に関わる書き言葉、すなわち書面語である。市販のテキスト類はすべてほぼこの二種類に大別される。その中でビジネス活動に関わる書面語は現代漢語書面語を構成する一領域であり、したがって、〝商务汉语书面语〟の教材を作成しようとすれば、必然的に現代漢語書面語の〝语体结构〟を明らかにする必要がある。

近年、特にここ数年、中国ではこの方面の研究に参画し、著書・論文を発表する学者が増加している（末尾にその代表的な著書を記載）。とは言え、まだ研究は端緒に就いたばかりであり、特に日本では、先行研究と言える成果は寂寥々たるものがある。何より、白話書面語という語彙の示す範囲が依然として曖昧で、例えば、小説には会話が豊富に含まれているし、ネット上の情報にも、話し言葉で書かれた〝微博〟・〝微信〟等が存在する。

そういった中で、〝商务汉语书面语〟「商用文」や法律文書・報道文などは白話書面語の中心的存在であり、それゆえ、我々はまずこれらの文章の特徴研究に精力を集中し、その成果を以て〝商务汉语〟教育の発展に資するべきであろう。

筆者は過去四〇年間、人民日報を材料に新聞上の文章を研究し、これを「論説体」と呼ぶことにした。「論説体」と〝商务汉语书面语〟はビジネス活動で常用される一部の専門的な語彙や慣用表現を除くと、ほぼ同一の文章形式と言ってよく、また、現代白話書面語という新しい正式な〝语体〟に属する文として両者を比較すると、「論説体」は〝商务汉语书面语〟に比べ普遍性を備えていると同時に、明らかにその基盤を構成している。言い換えれば、〝商务汉语〟も法律の条文も「論説体」をベースに構築されたやや特殊な専門領域であり、それゆえ、まず「論説体」の特徴研究を行い、それを通して〝商务汉语〟の教育メソッドを確立していくべきだと考える次第である。

一、白話書面語と韻律

白話書面語の特徴については、目下、その研究に取り掛かっている学者が中国で徐々に増えている。その主要なテーマは韻律である。

白話書面語が成立した経緯は文言の束縛から逃れることであった。二〇世紀初頭、中国が世界に立ち遅れ、列強に蹂躙された要因の一つとして、教育が普及せず、大衆の啓蒙が進まなかったことが挙げられ、胡適などを中心に識字運動が起こり、様々な発音表記が研究され、また、平易な文章を広め、大衆のレベルアップを図ろうという白話運動が展開されたことは周知の事実である。

しかし、その後一〇〇年近くの時を経ると、白話書面語は「格調高い書面語を」という欲求に常に晒され、一部の文言的要素が徐々に白話書面語に取り入れられ、それにつれて韻律も重視されるようになってきた。

だからと言って、韻律重視がすべからく文言の影響によるものだと考えるのは事実にそぐわない。白話書面語の特徴の一つに文言の影響があるのは事実だが、それとは別に現代口頭語と区別するために培われた要素があることを忘れてはならない。孟子敏は〈政府工作报告的语言考察〉のなかで、「こういったニーズに応えるため、白話書面語では二音節が重視されている」として、一九九七年から二〇一一年までの三人の首相の〈政府工作报告〉二五万三五〇〇字余りの中、特殊語彙を除いた五九一〇個の語彙において二音節語が四四一三個と全体の約七五%を占めていることを挙げた。(2)

文言が重視するのは単音節語であり、文言の二音節化は六朝時代に発展した小説類と関係が深い。この点については、すでに一九五五年に呂叔湘が〈相字偏指释例〉、〈见字之指代作用〉などの論文で指摘している。(3) 日本でもかつて吉川幸次郎が「世説新語の文章」(4)などでこの点を指摘し、筆者も関連研究を発表したことがある。(5)

文言の二音節化は当時の口頭語との接近を示したものだが、現代白話書面語の二音節化は、二音節語を用いて独立した韻律語を構成し、それによって口頭語と異なる新しい〝语体〟を完成させようという試みである。

「論説体」の韻律の特徴は主としてその音節のリズムにある。この点について馮勝利は以下のように説明している。(6)

〝韵律是人们说话时表现出来的轻重、缓急、节奏等超语音现象〟

〝汉语里介于字和句子之间的那个中级单位就是〝韵律词〟〟

〝韵律词是由音步决定的。不满一个音步的单音节词或单音语素要成为韵律词，须再加上一个音节〟

すなわち、そこには〝韵素→音节→音步→韵律词〟という四つの段階がある。

〝语素A加上语素B后，形式相同，性质不一，从韵律角度看「AB」是一个音步，从构词角度看「AB」是一个复合词。复合词必须首先是一个韵律词〟

まさに「論説体」の特徴を的確に説明していると言えよう。この点から、論説体常用の四字句も一種の複合韻律詞と見なすことが可能になる。

二、偶数化を実現するツール

「論説体」の中には偶数化を実現する多くの道具立てを見つけることができるが、その中には二つの異なる種類のツールがある。

ある種のツールは専ら偶数化を趣旨とするもので、他類のツールは、偶数化が主要な役割ではないが、結果として時に偶数化の役割を担うツールである。

前者に属する例の一つが単音節程度副詞の二音節化である。

例：〝极为〟、〝最为〟、〝稍为〟、〝大为〟、〝尤为〟など。

これらの例は〝为〟を用いて二音節化した程度副詞を二音節の形容詞と組み合わせ、四音節の複合韻律詞を構成する（以下の例は全て人民日報による）。

（1）印度同日本的贸易逆差大为缩小。

「日本に対するインドの貿易赤字は大いに縮小した」

（2）亚洲市场的发展领域极为广阔。

「アジア市場の発展領域は極めて広い」

（3）亚洲地区的恐怖主义活动尤为猖獗。

「アジア地域のテロ活動はとりわけ活発だ」

（4）辽河流域是我国水污染危害最为严重的地区。

「遼河流域は我が国で水の汚染が最も深刻な地域だ」

副詞〝相〟も似たような働きをする。〝与～相V〟という構造において、動詞はその多くが単音節であり、〝相〟と結びついて二音節となる。

例：〝相关〟、〝相近〟、〝相连〟、〝相左〟など。

（5）商品做为商品的标志，与市场经济紧密相连。

「商品は商品のマークとして市場経済と密接に関連している」

（6）轻工业主要是消费品工业，与人民的生活息息相关。

「軽工業は主に消費物資工業であり、人々の生活と切っても切れない関係にある」

（7）日本政府刺激经济复苏的作法与过去相近。
「日本政府の景気回復刺激策は過去と大差ない」

後者に属する例が〝而〟である。〝而〟は本来連詞として用いられる。
（8）当今世界仍处在深刻而复杂的变化中，和平与发展是当今世界面临的主要问题。
「現在の世界は依然として深くて複雑な変化の中にあり、平和と発展は現在の世界が直面する主要な問題である」
（9）激光医学是近年来医学与现代科学技术相结合而发展起来的一门新兴学科。
「レーザー医学は近年、医学と現代科学技術が結びついて発展した新しい学問分野である」

しかし、時には二音節を構成する材料としても用いられる。

例：〝进而〟、〝然而〟、〝偶而〟、〝因而〟、〝从而〟など。
（10）狮子，在中国人看来是吉祥的动物，因而自古以来中国人在喜庆的日子里就有舞狮的传统。
「獅子は中国人にとってめでたい動物で、そこで、古来より、中国人はおめでたい日には獅子舞を踊る伝統がある」
（11）减少财政赤字，不仅可以改善经济前景而且将降低通货膨胀的危险，从而增强了美元证券的吸引力。
「財政赤字を減らすことは、経済見通しを改善できるだけでなく、インフレの危険を減らし、それによってドル証券の吸引力を強化した」

また、四字句を構成する材料にもなる。

例：〝随之而来〟、〝背道而驰〟、〝自然而然〟、〝视而不见〟など。
（12）如果中国停止向美国出口，其他国家就会取而代之。
「もし中国がアメリカへの輸出を停止すれば、他の国がそれに取って代わるだろう」

(13) 大城市中，近些年应运而生许多健身场所。
「大都市においては、近年、機運に乗じて多くのトレーニングジムが誕生している」

口頭語における一部の二音節副詞は単音節語に変化した後、単音節動詞と併用されて二音節を構成する。
例：〃已经〃↓〃已〃、〃大约〃↓〃约〃、〃一共〃↓〃共〃、〃仍然〃↓〃仍〃
動詞〃有〃と併用されると、
例：〃已有〃、〃约有〃、〃共有〃、〃仍有〃
などとなる。

(14) 目前入侵我国的外来生物约有四〇〇多种。
「目下、我が国に侵入する外来生物はおよそ四〇〇種余りある」
(15) 中东和平进程仍有大量工作要做。
「中東和平のプロセスにはまだ多くのやらねばならないことがある」
(16) 自一九九六年以来，我国共有一・七万多农民从公开选拔考试中脱颖而出，成为国家公务员。
「一九九六年以来、我が国では、合計一万七〇〇〇人余りの農民が公開の選抜試験で頭角を現し、国家公務員になった」
ただし、これらの単音節副詞は二音節動詞と併用されることも珍しくなく、したがって、その主たる役割が動詞と併用されて二音節を構成することであるとは言えない。意図的あるいは無意識的に単音節動詞と併用され、結果として二音節リズムの獲得に貢献しているに過ぎない。
(17) 去年在欧洲共缴获四七〇〇公斤海洛因。
「去年、ヨーロッパで、合計四七〇〇kgのヘロインが押収された」

しかし、以下のような例もある。

(18) 人类所渴望的和平与发展仍面临着严峻的挑战。

「人類が渇望している平和と発展は依然として厳しい試練に直面している」

この文では、〃着〃が併用されることで〃仍面临着〃と四音節のリズムになる。ただし、〃着〃は完全軽声であり、〃重念〃、〃轻念〃の概念を導入すれば、リズムとしてカウントするか、意見が分かれる。したがって、これらの語が単音節動詞と併用されるときにどんな条件が設定されるのかについてはなお研究を要する。

前述の如く、〃为〃は単音節程度副詞と結合したときには完全に前者に属したが、動詞の結果補語に使われたときは後者に属する。単音節動詞の結果補語に使用されたときは、その文に二音節のリズムを提供することができる。この場合は一種の複合動詞、すなわち離合詞として認識されることもある。

(19) 冷战期间，美苏在核武器的竞赛和较量被称为〃眼珠对着眼珠〃的对抗。

「冷戦期間、核兵器における米ソの角逐は『目には目を』の張合いと称されていた」

(20) 人们习惯称特区为窗口，这寓意很明白，让外国人通过特区看中国，让中国人通过特区看世界。

「人々は、経済特別区を窓口と呼び慣れていた。その意味は明らかで、外国人に特区を通して中国を見、中国人に特区を通して世界を見てもらおうというものだった」

しかし、このような〃为〃はまた、二音節動詞と結合して三音節になる場合もあり、その場合は明らかに二音節化のニーズに逆行する。この点について孟子敏は前述の調査のなかで、

〃许多三音节词语原来可以分析为2＋1或者1＋2的形式，也就是说这一部分词语是由一个双音节词语和一个单音节词语或语素构成〃

と述べている。もし、二音節動詞と結合して、なおかつ偶数のリズムを追求したいときには、〝成为〟を二音節動詞の後ろに用いて四字句を構成する。

(21) 旅游业发展成为本省经济的尖端行业。

「観光業はわが省の経済の先端産業に発展した」

(22) 越南芽庄市努力建设成为现代化文明城市。

「ベトナムのニャチャン市は近代的な文明都市建設に力を注いでいる」

三、文の構造からみた二音節化

白話書面語の文法上の独特の構造の一つが［V1＋〝和〟＋V2＋O］形式である。この構造は口頭語にはない。

(23) 人能够分辨和记忆约一万种不同的气味。

「人はおよそ一万種の異なるにおいをかぎ分け、記憶することができる」

この構造では、〝和〟の他にも、並列を示す語や評点符号が使われる。

例：〝并〟、〝或〟、〝、〟など。

(24) 我们要理解并珍视传统留给我们的宝贵财富。

「我々は、伝統が我々に残した貴重な財産を理解し、大事にしなければならない」

(25) 多年来，范县法院重视、关心离退休老干部们的离岗生活。

「長年にわたり、範県の裁判所は定年退職した老幹部の余生を重視し、気遣っている」

この形式は動詞に限らない。副詞や形容詞にも適用される。

(26) 如果医生不处理，她可能或肯定会死。

「もし、医者が処置を施さなかったら、彼女は多分、あるいはきっと死んでいただろう」

(27) 在英国，小费的问题麻烦和复杂。

「イギリスでは、チップの問題が面倒臭く、また煩雑だ」

ただし、何らかのツールで結びつけられるこれら二つの動詞・副詞・形容詞はいずれも二音節語であることが必須条件で、単音節語をこの形式に用いることはできない。このことからも、白話書面語が二音節のリズムを尊ぶことが窺われる。

(28) 很多人利用网络买进和卖出股票。

「多くの人がネットで株の売買をしている」

上記の理由から、次の文は成り立たない。

＊很多人利用网络买和卖股票。

似たような事例をもう一つ挙げよう。

(29) 核安全问题关系到核能的科学利用和发展。

「核の安全問題は核エネルギーの科学的な利用および発展に関わる」

(30) 马航客机失联事件发生后，中方及时就搜救工作提供全力帮助与合作。

「マレーシア航空機の失踪事件が発生した後、中国側は捜索活動に全面的な援助と協力を提供している」

この二つの文では、二つの名詞を〝和〞や〝与〞で結びつけ、(29)では、その前に〝科学〞を、(30)では、その前に〝全力〞を置いて、それぞれ〝利用〞と〝发展〞を、また、〝帮助〞と〝合作〞を修飾させている。

(31) 历史和国际经验表明，无论是扩大就业还是提高收入，都需要一定的经济增速做为支撑。

「就職の拡大であろうと収入の増加であろうと、いずれも一定の経済成長スピードが支えとなる必要があることは、歴史上、また国際上の経験が証明している」

この文では、〝经验〞は〝历史〞とも、また、〝国际〞とも結合している。さらに例を挙げると、

(32) 高度重视并认真解决农业、农村和农民问题，是我们党一贯的战略思想。

「農業問題・農村問題・農民問題を非常に重視し、真剣に解決することは、我が党の一貫した戦略思想である」

この中の〝农业、农村和农民问题〞という言い回しでは、〝问题〞は〝农业〞、〝农村〞、〝农民〞の三つとそれぞれ結びついている。これらの構造に見られる二音節のリズムも研究の対象になりうるだろう。

偶数のリズムは三音節のリズムを補うこともできる。

例えば、〝于〞は白話書面語の特徴の一つとして常用される語である。この〝于〞と結びついた三音節の表現はいたるところに存在する。

例：〝莫过于〞、〝有助于〞、〝得益于〞、〝取决于〞、〝相当于〞、〝不亚于〞、〝防患于〞、〝致力于〞、〝无愧于〞など。

表面的にみると、この事実は白話書面語の偶数化のニーズに適合しない、と判断されるが、ではなぜその存在が許容されるのだろうか。上述の孟子敏の解釈は一つの説明になるが、筆者はさらに以下の調査を行ってみた。

二〇〇七~二〇一一年の人民日報から随意に抽出した七八〇〇のセンテンスについて行った調査（以下、「調査」で表示）の結果を見てみよう。

その中で〝于〞を用いた構造は約一四〇〇カ所、その〝于〞に導かれた後置成分は、二音節四六%、四音節二二%、六音節八%、八音節六%で、偶数が八二%を占めた。

(33) 天下事之繁，莫过于行政。
「世の中、面倒と言って行政に勝るものはない」
(34) 吃苹果皮有助于预防癌症。
「リンゴの皮を食べるとガンの予防に効果がある」
(35) 周黄村的变化，得益于乡村清洁工程。
「周黄村の変化は農村クリーンプロジェクトのお陰である」

その他の一八％の内、一二％は具体的な年月日（たとえば〝一九七八年〟など）で、奇数は六％に過ぎなかった。この数字は、前述の孟子敏の報告の数字とほぼ一致する。

以上の調査から、〝于〟と結びついてできた三音節は孟子敏の指摘に止まらず、さらにその不安定をこれらの偶数部分で補っていると考えられる。

四、〝地〟と〝的〟

白話書面語のもう一つの特徴は構造助詞を極力用いたがらないことである。それはとりわけ〝地〟と〝的〟において顕著にみられる。口頭語のなかでは構造助詞と結びつきやすい一部の語が白話書面語のなかでは結合したがらない。それによって偶数のリズムが保てることになる。この例は枚挙に暇がない。

例えば、〝长期〟、〝根本〟、〝基本〟、〝科学〟などは構造助詞を伴わないことがすでに定着しており、直接に動詞や名詞を修飾する。その一方で、〝积极〟、〝努力〟、〝逐渐〟などは、〝地〟や〝的〟を使うか否かがかなり恣意的である。

(36) 对世界遗产要严格保护，统一管理，科学规划，持续利用。

「世界遺産については、厳格に保護し、統一して管理し、科学的にプランを立て、持続的に利用しなければならない」

(37) 各国政府应该积极地推动对话。

「各国政府は積極的に対話を進めるべきである」

(38) 发展电力工业，就要积极开拓电力市场。

「電力工業を発展させるには、電力市場を積極的に開拓しなければならない」

「調査」の範囲では、〝积极〟は一八九例あるが、その中で〝地〟や〝的〟と結合した例は約一〇%ほど、〝地〟との結合例は四例に過ぎない。

〝的〟をなるべく用いない傾向は特に顕著である。「調査」でチェックした一六～二四文字の二四〇〇センテンスの中で、構造助詞〝的〟を含む例は約四〇%あったが、一センテンスに二つの〝的〟を含む例は一%前後に過ぎない。三六～四四文字の一八〇〇センテンスの中では構造助詞〝的〟を含む例は約五〇%あり、一センテンスに二つの〝的〟を含むセンテンスがそのうち八〇%ほどを占めた。

上記の数字から我々は一つの仮説を導き出すことができる。中国人が白話書面語を書くときには〝的〟の使用は少ないほどよく、「多くても平均して二〇文字に一つ程度が許容範囲」というある種の感覚があるようだ。

我々外国人は、白話書面語に接するとき、よく〝的〟がないことで意味がわかりづらい文章に出くわす。この事実は、リズムを重んじるために往々にして〝的〟が省略されることで生じる結果と言えるだろう。例えば、日本人学生の多くが次のような表現に出くわすと呆然自失する。

〝邓小平关于建设有中国特色社会主义理论〟

直訳すると、

「中国的特色を有する社会主義を建設することに関する鄧小平の理論」

となる。

〝所〟はある動詞が限定語として他の名詞を修飾するときにしばしば動詞に被せて用いられる。その場合、通常は［〝所〟＋V＋〝的〟＋N］となる。しかし、もし動詞が一音節で、修飾される名詞が二音節だと、〝所〟と動詞で二音節なので、リズムを重んじる場合にしばしば〝的〟を省略して四文字のリズムにしようとする。

(39) 几乎所有的干部职工都随身携带着袖珍收音机。

「ほとんどすべての幹部や従業員がみなトランジスタラジオを携帯していた」

この(39)の文では、〝的〟が省略されていない。これは非常に示唆的である。〝所有干部〟で捉えるのではなく、〝几乎所有〟と〝干部职工〟をそれぞれ四音節として捉え、〝的〟は軽声であるため、韻律から除外していることが窺われる。

(40) 二〇〇四年，上海所有超市将有偿供应塑料袋。

「二〇〇四年、上海の全てのスーパーが有料でビニール袋を提供することになる」

(41) 西班牙能源资源不足，所需能源八〇％多要靠进口。

「スペインはエネルギー源が不足しており、必要なエネルギー源の八〇％余りを輸入に頼らなければならない」

〝所〟はまた、四文字を構成する材料としてもしばしば用いられる。

(42) 谋求和平与稳定是非洲人民最大的利益所在。

「平和と安定を希求することはアジア人民にとって最も大きな利益になる」

(43) 近几个月来，以色列的经济增长有所减弱。

「ここ数カ月、イスラエルの経済成長はいくらか衰えている」

(44) 近几年来，公益事业得到了前所未有的振兴和发展。

「ここ数年、公益事業は未曽有の振興と発展を遂げている」

五、結　語

盛んになりつつある白話書面語の語法研究は今後、多方面からの考察が進むであろう。韻律の問題はその一部に過ぎないが、欠くことのできない重要な一部分でもある。

白話書面語の語法研究には、大いに重視すべき別の側面もある。これについて孫徳金は融合度という観点から重要な指摘をしている。[7]すなわち、

高融合度：无可替代。（以A为B）（…分之…）

中融合度：存在基本对应的形式，但受各种因素的影响，二者间呈互补关系。介词〝以〟和〝用〟，〝于〟和〝在〟，被动结构〝为…所…〟和〝被…所…〟

低融合度：A系统的某个语言成分偶现于B系统中。（〝乎〟〝矣〟）——不承认为现代书面汉语系统中的成分。

高融合度の要素はそのまま白話書面語の重要な成分と認定できる。分析が必要なのは中融合度の要素である。例を挙げよう。

〝跟〟、〝和〟、〝同〟、〝与〟はいずれも介詞であり、連詞でもある。介詞か連詞かという分類から見れば〝跟〟と〝同〟は共通の特徴を有しており、どちらも主として介詞として用いられ、連詞としての例は実際にはごくわずかである。これに対し、〝和〟と〝与〟の共通の特徴は介詞と連詞の使用例がほぼ拮抗していることだ。

一方、口頭語か書面語かという分類から見ると、〝跟〟と〝和〟には口頭語で常用されるという共通の特徴があり、

〞同〞と〞与〞にも書面語でしか使われないという共通の特徴がある。ただ、〞和〞は比較的に自由で、口頭語であろうと書面語であろうと自由に使用されている。書面語は同一センテンスのなかで同じ単語を重複して使用することを修辞的に嫌う傾向が強い。それゆえ、同じセンテンスのなかで〞和〞と〞同〞を併用する現象がしばしば見られる。

中融合度の例は多い。

例：〞特別是〞と〞尤其是〞／〞一起〞と〞一道〞／〞把〞と〞将〞／〞在〞と〞当〞／〞是〞と〞为〞／〞到〞と〞至〞／〞说〞と〞称〞

白話書面語の研究が中国で盛んになってはいるが、翻って日本ではどうかと言うと、ほとんど無視されていると言ってよいだろう。前述の如く日本で出版されている主な文法解説書にはその記載がほとんど見受けられないばかりか、学会での発表論文にもほぼ見当たらない。中には、論文中で口頭語の例文と書面語の例文を混在させたままの分析さえ散見される。換言すれば、白話書面語の研究に関しては、日本の学会は少なくとも中国に二〇年は遅れを取っていると言って過言ではない。このような状況は早急に是正されるべきであろう。

注

1 三潴正道「現代中国語新聞体と文語文法」、『中国研究』第四号、麗澤大学中国語研究会（一九九五年）一〇一頁

2 孟子敏〈政府工作报告的语言考察〉、冯胜利主编《汉语书面语的历史与现状》北京大学出版社（二〇一三年）第一章一五頁

3 吕叔湘〈相字偏指释例〉（一九四二年）、〈见字之指代作用〉（一九四三年）、《汉语语法论文集》科学出版社（一九五五年）所収

4 吉川幸次郎「世説新語の文章」（一九三九年）、東方学報京都第一〇冊第二分冊、吉川幸次郎全集第七巻筑摩書房（一九七四

年）所収

5　三潴正道「魏晋六朝に於ける〝見〟〝相〟〝為〟について」、麗澤大学紀要第二二巻（一九七六年）二五頁

6　冯胜利《汉语的韵律、词法与句法》北京大学出版社（一九九七年）第一章および冯胜利《汉语韵律句法学》上海教育出版社（二〇〇〇年）第二章参照

7　孙德金〈现代汉语书面语中文言语法成分的界定问题〉、冯胜利主编《汉语书面语的历史与现状》北京大学出版社（二〇一三年）五〇頁

主要参考文献

三潴正道『論説体中国語読解力養成講座』東方書店（二〇一〇年）

黄梅《现代汉语嵌偶单音词的韵律句法研究》北京语言大学出版社（二〇一二年）

孙德金《现代书面语中的文言语法成分研究》商务印书馆（二〇一二年）

柯航《现代汉语单双音节搭配研究》商务印书馆（二〇一二年）

郑立华、叶剑如《企业中的书面语研究——兼论书写语言学》外语教学与研究出版社（二〇一三年）

冯胜利主编《汉语书面语的历史与现状》北京大学出版社（二〇一三年）

张瑞朋《现代汉语书面语中跨标点句句法关系约束条件的研究》中国社会科学出版社（二〇一二年）

吉川英治と金庸――小説『宮本武蔵』と『神鵰侠侶』を中心に

一、はじめに――研究の動機

「吉川英治の『宮本武蔵』がアメリカでよく読まれているそうだが、中国ではどう評価されているか調べてみないか?」という誘いを受けたのがそもそもの発端だった。

ちょうど、日中異文化コミュニケーション研究会を立ち上げようとしていたときで、日本人に絶大な人気のあるこの作家とその小説を中国人がどう見ているか、には大いに関心が湧き、二つ返事で承諾した。

しかし、実際に調べ始めてみると、台湾では過去の日本との深いつながりゆえに年配者を中心によく知られているが、他方、大陸ではほとんど読まれていないといってよい。特に若者はまず知らない。

もっとも、日本の若者でさえ『バガボンド』を読んで初めて知った者が多く、吉川英治のそれも〝『バガボンド』の原作〟としてインプットされているところ(1)から考えるとそれも無理からぬことだろう。

いずれにせよ、私の調査はスタートからつまずいてしまったわけである。ところが、調査の過程で金庸にぶち当たった。中国文化圏の若者で知らぬ者がない当代随一の大衆人気作家である。いや、若者に限らない。世代や男女の別を超えている。その点ではまさに〝中国の吉川英治〟である。

とは言うものの、正直に白状するとして、それまで金庸の名こそ知っていたが、その作品を全く読んだことがない。漠然と、カンフーを売り物にした大衆娯楽小説、通俗読み物、香港映画のネタ、くらいの認識しかなかったので相手にする気がなかったのである。早くからその魅力をご存知の諸先輩には、時事中国語研究を標榜する者が何を今更、とお叱りをいただくは必定であろう。

ともあれ、遅まきながら金庸を読んでみよう、何か吉川と比較する接点はないか、そんな思いで片っ端から読み進み、そして『射鵰英雄伝』とその続編『神鵰侠侶』に到って、金庸に対する見方は一変した。『神鵰侠侶』のなかに、『宮本武蔵』と対照検討可能な幾多のテーマを発見することができたのである。また、そのプロセスで、吉川と金庸の類似点と相違点もかなり明確に認識されるようになった。

無理にする比較ではなく当然為すべき比較、なさねばならない比較、という認識が心中に芽生えた。金庸に接して甚だ日が浅く門前の小僧の域を出ない自分より、適任者は他に幾らでも、という忸怩たる思いはあるが、乗りかかった船でもある。二つの作品の比較研究を通して、日中の大衆文化を理解するきっかけがつかめれば、と思い、敢えて取り組むことを決意した。

この金庸との比較で、もし吉川に対する若干の新たな評価の視点を提示できれば、怪我の功名、これに勝るものはないだろう。なお、本論中の金庸の小説の引用は、すべて徳間書店本の訳に統一した。

二、武侠小説と金庸

（一）武侠小説

§1 〝侠〟の意味するもの

武侠、という文字からも判るように、武侠小説に不可欠の要素は何を置いても〝侠〟である。現存する書籍の中で最古の〝侠〟は『韓非子』にある、とのことだが[2]、土屋文子氏はこの〝侠〟とは「己の正義のために、身体を張って他人を救う」という精神のあり方だ[3]、と説明する。日本で言えばまさに「命もいらず、名もいらず、官位も金もいらぬ人は始末に困るものなり」という世界である。

さて、〝侠〟にもいろいろ種類がある。『史記』のなかには、〝侠〟に相当すると思われるいろいろな例がある。国のために命を投げ出す例も多い。

『史記』の〈呉太伯世家〉に呉越攻防の記述がある。

呉軍を迎え撃った越軍は奇妙な行動に出た。三隊の兵が順に呉軍の前に出てきては自分で自分の首をはねる、呆気に取られた呉の兵士が茫然自失していたそのときに越軍が総攻撃をかけ、これを壊滅させたのである。

国のために自刃する、これはまさに〝侠〟に類する。ただし、この兵士は元々罪人であり、もし、命と引き換えに家族の命を助けてやる、などという条件がついていたとすれば、〝侠〟とは言い難いだろう。

魏の侯嬴の話は有名である。「侯嬴一言を重んず」とも言う。

夷門の門番であり、魏の信陵君の食客だった侯嬴が、信陵君が趙を救いに行ったとき、自分は年老いて従軍できないからと、約束の刻限に自刎して其の挙を励ました故事である。恩義に対して命を懸けて報いたわけである。

自らの正義に殉ずる例もある。

斉の崔杼は妻と密通した荘公を殺した。史官は「崔杼、荘公を弑す」と書いた。崔杼がその史官を殺すと、その弟がまた同様に書いた。これも殺すと、その末弟がまた同様に書き、崔杼も遂にはこれを殺さなかった。

現代風に言えば、家臣の妻を寝取る方が悪いので、殺されても仕方ないのだが、家臣が主君を殺すのは〝弑す〟と書くのが史官としての正義であるわけだ。

以上は『史記』の例だが、下って、六朝志怪小説の中には、信義に殉ずる侠客が登場する。『列異伝』の干将莫邪に登場する、名もない行きずりの者である。

父を殺した王の追求を逃れていた子の赤鼻は、山中で出会った男に復讐を頼み、男の求めに応じて自分の首を差し出す。男は宮殿で復讐を遂げた後、自刎する。

復讐を頼まれ、遂行する代償としてその命を求めたからには、ただ復讐をしてやっただけでは〝侠〟とは言えない。自分を信じて命を差し出した相手の信頼には、自分も命を持って応えなければならないのである。

このように〝侠〟は古代から中国の精神文化を彩る重要な柱として意識され、以後、連綿と受け継がれて来たのだが、同時に、歴史の変遷につれ、儒家、墨家、道家、仏教とも結びつき、様々な解釈と広がりを生んでいくのである。(4) 明代の『水滸伝』には、〝天に替わって道を行う〟一〇八人の英雄豪傑が登場するが、その中には和尚の魯智深もいれば、道士の公孫勝もいるわけである。

§2　武侠小説の由来

この〝侠〟が〝武〟と結びついて〝武侠〟となる。日本における武侠小説研究の第一人者、岡崎由美氏によれば、〝武侠〟という言葉が初めて登場したのは二〇世紀初頭の一九一〇年以降だそうである。(5) 〝武〟とはもちろん武術のことだが、武侠小説の主人公は強靱な肉体と卓越した武術がまさに〝超人的〟なレベルに達していなければならない。ただし、超人的といっても、武侠小説での武術は『封神演義』や日本の『伊賀の影丸』に出てくるような忍者がどろんといった変身術を意味するのではない。

武侠小説の歴史を関係解説書の記述から要約すると、『三侠五義』や『児女英雄伝』といった清代までの侠義小説に〝武〟の要素が加わり、一九二〇年代以降、旧派武侠小説が続々登場する。その後、五〇年代になって、香港で新派武侠小説が勃興し、梁羽生、金庸、さらに六〇年代の台湾に登場した古龍を加えたいわゆる御三家が人気を集める。

この新派武侠小説になって、超自然的な現象や単なる仇討ちといった要素は姿を消し、中医学をもっともらしい後ろ盾にしつつ、〝気〟を練ることによって達成される〝内功〟を根本とし、技、つまり〝外功〟を従としたカンフーが〝武〟の主たる内容になる。(6) そこに恋愛や複雑な人物描写が加わり、現代社会の様々な要素も絡まって新しい文学ジャンルが誕生したのである。

〝気〟によって備わる超能力は現実と虚構の境目が極めて判別しにくい。刀で石を切れるか、という問いに絶対ノーと言い切れるだろうか？　我々日本人だって、明治天皇の前で明珍の兜割りをした剣の名人、榊原健吉の例を知っているし、真っ向から否定するには勇気がいる。こうして、読者は主人公の絶技をまったくの虚構とは考えられず、果てしない夢とロマンを抱いて眺め、憧れる。読者にとってはなんとも程よい距離にある空想ロマン小説ではないか。

§3　金庸の武侠小説観

一九九六年に徳間書店から刊行された『書剣恩仇録』の日本語版で金庸は武侠小説について概略次のように解説している。

「西洋にも武侠小説はある。しかし、円卓の騎士のランスロットのように、王妃と不義を働き、追手の元親友達を殺傷するなど、中国や日本の小説では考えられない。

かといって、日本の武士道とも異なる。武士道の中心は忠君だが、中国の任侠道の主義は〝義〟だ。〝義〟には正義と義気があり、〝義気〟とは人のために己を捨てることである。

また、〝尚気〟、つまり気骨を重んじる、誇りを惜しむことは極めて重要である。即ち個人の尊厳と名誉を守ることである。これは唐代伝奇以来の中国文学の伝統であり、孟子が定義するところの〝大丈夫《ますらお》ぶり〟なのである(7)」

この金庸の解説から明白なことは、金庸にとって武侠小説とはもはや単なる通俗的かつ伝奇的な娯楽読み物にとどまることなく、読者に対する作者の高いメッセージ性を備えた、堂々たる文学の一ジャンルなのである。

中国の任侠道を、騎士道、武士道に比すべき中国文化の真骨頂として描き上げる、一種の国民文学としての位置づけであろうか。

（二）金庸とその作品

§1　金庸の経歴

金庸は一九二四年、浙江省海寧県に生まれた。本名は査良鏞。金庸というペンネームはこの鏞の字を分解したものだ。査家は浙江を代表する名家の一つで、一族から科挙の進士をなんと七人も輩出していると言う。金文京氏は、中でも、明朝滅亡後、反清レジスタンスに参加した文人、査継佐、清代初期の大詩人、査慎行、金庸の祖父、査文清は金庸と其の作品を考える上で重要だ、と指摘している。[8]

金庸自身についいては、本人の言によれば、幼時に四書五経を塾などで特に修めたことはなくふつうに小学校から勉強しており、伝統文化は聞きかじりで、大体は後で身に付けたものだそうだ。[9]

その後の経歴は岡崎由美監修『金庸の世界』に詳しいので、[10]ここでは本論を理解して頂くためにその概略を紹介するのみにとどめる。

重慶で抗戦時期を過ごした金庸は、上海で『大広報』に就職、四八年に香港に派遣され、以後、香港で暮らすことになる。その間の一九五〇年に、彼の父は大陸で反動地主として批判されている。

一九五九年、彼はみずから『明報』を創刊する。その後は香港を代表するジャーナリストとして活躍したが、文化大革命時期には香港の五人のブラックリストの第二位にランクされ、厳しい批判にもさらされた。第一位に名が載った人物はガソリンをかけられて焼殺されたと言う。[11]

改革開放後は、香港返還に際し、中国側の推薦で香港特別区基本法起草委員会委員に任命され、元々外交官志望だった彼の政治家としての一面も見せている。

なお、日本に対して、金庸はどんな思いを抱いていたのだろうか？　注7の『書剣恩仇録』日本語版出版に寄せた〝日本の読者諸氏へ〟という一文の中で、金庸はこう述べている。

「私の少年時代は日中戦争のさなかだった。家は日本軍に焼き払われた。母と実弟の一人は、戦時期の医薬品の欠乏がもとで、早くに世を去っている。少年時代以来、民族的な感情と身を以て体験した苦労のせいで、私は日本人をひどく恨んだ。しかし、日本の社会に足を踏み入れ、お互いの共通の文化に感動したところから、日本人への敵意は次第に消えていった」

また、この文の末尾で金庸は、戦国時代のかの刎頸の交わりの例を挙げ、過ちを堂々と認めることの意義を力説している。その言わんとするところは明々白々であろう。

§2　金庸の作品

金庸は合計一二編の長編小説と若干の短編を書いている。一九五五年に処女作『書剣恩仇録』を『新晩報』に連載、以後次々と作品を発表、一九七二年、『鹿鼎記』の連載終了を以て断筆を宣言する。

処女作『書剣恩仇録』は、清朝乾隆帝とそれに対峙する反清復明組織の首領陳家洛が実は兄弟で、乾隆帝は漢族だった、という設定に、香妃伝説に重ねた香香公主との悲恋を絡ませたもの。

金庸の長篇は主として南宋末および明末という王朝交代期、それも、漢民族の王朝がそれぞれ、モンゴル族の元、女真族の清という異民族王朝に取って代わられる時期に題材を採っている。また、一二編の長篇には『射鵰英雄伝』『神鵰侠侶』『倚天屠龍記』が三部作になっているように、続編であったり、かすかながらも他の作品とつながりを持って展開するものも多い。この点も読者の興味を惹く一つの要素になっている。

三、小説『神鵰侠侶』

§1　あらすじ

一九五七年に連載が始まった『射鵰英雄伝』と一九五九年からのその続編『神鵰侠侶』は後の『天龍八部』『笑傲江湖』

『鹿鼎記』と並ぶ金庸の代表作といってよいだろう。これによって金庸の人気作家としての地位は不動になったと言える。

『神鵰侠侶』は『射鵰英雄伝』の続編なので、まず簡単に『射鵰英雄伝』のストーリーを紹介する。

『射鵰英雄伝』は、南宋と金が対立しているさなか、救国の情熱に燃え、義兄弟の契りを結んだ二人の男、郭嘯天と楊鉄心の子供、郭靖と楊康の数奇な運命を描く。

二人の妻は共に妊娠していたが、村は金軍に襲われ、両家ともチリヂリバラバラになる。郭靖はモンゴルに逃れた母によって生み育てられ、一方、楊鉄心の妻は、金の王子に騙されその妃になり、ほどなく生まれた楊康はその息子として育つ。

郭靖は様々な有為転変を経て、高度な武術を身につけ、立派な若者に成長する。楊康は自分の生い立ちを知った後も〝金の王子の子〟という身分を捨てきれず、郭靖の恋人、黄蓉の鎧の毒に中たり、遂に非業の最期を遂げる。楊康の悪事を知りつつ楊康への思いを断ちきれなかった穆念慈はこのときすでに楊康の子を身籠っていて男児を産み落とす。その子は郭靖によって、楊過、字を改之と名づけられた。

§2 『神鵰侠侶』のストーリー

一一歳のとき母に死別し浮浪児となった楊過は、ある日偶然、郭靖と黄蓉の夫婦に出会う。楊過を何とか真人間に育てようと、郭靖は楊過を終南山の全真教本部に預けるが、兄弟子達のいじめに遭った楊過は活死人墓に逃げ込み、古墓派の技を受け継ぐ一八歳の絶世の美少女、小龍女に出会う。

亡き師匠から、玉女心経を会得するため喜怒哀楽を捨てるよう訓練されていた小龍女だったが、師匠として楊過に武芸を授け、ともに玉女心経の習得に励むうち、ほのかに心が通じ合うようになる。ある日、同門の李莫愁に襲われたことがきっかけで山を下った二人だったが、ひょんなことで体の自由がきかないすきに、小龍女は目隠しされたまま全真教の尹志平に犯されてしまう。しかし小龍女は相手が楊過だと勘違いしたままだった。

楊過の妻となったと思う小龍女と何も知らない楊過の間に行き違いが生じ、小龍女は楊過の前から消える。小龍女を探しながら様々な出来事に翻弄された挙げ句、楊過は華山で洪七公に出会い、さらに洪七公と欧陽鋒の技比べの過程で卓絶した技量を身につける。

陸家荘の英雄宴ではからずも小龍女と再会を果たした楊過は、郭靖黄蓉夫婦に師匠と弟子の結婚を反対されてその場を去る。途中、二人は、モンゴル国師のチベット僧、金輪法王と戦う中で、自分の危険を顧みずにまず恋人を救うという心を剣法の精髄とする玉女心経の奥義を初めて体得する。しかしその晩、黄蓉の問いかけを受けた小龍女は、身を隠すことが楊過のためになると考え、またも姿を消してしまうのだった。

一人さまよう楊過はある日、父の最期に郭靖黄蓉夫婦が関わったことを知り、復讐を誓い、モンゴルの陣に赴き、さらに絶情谷の客となり、そこで、絶情谷の当主、公孫谷主と婚礼を挙げようとする小龍女に出会う。行き倒れを助けられ、楊過への思いを断ち切ろうと求婚に応じた小龍女だったが、楊過に出会い、楊過との愛を貫く決意をする。逆上した公孫谷主との戦いの中で二人は毒のある情花の刺に全身を刺されてしまう。

毒消しの薬を手に入れる条件は郭靖黄蓉夫婦の首だった。その郭靖は襄陽で元軍の猛攻を防いでいた。郭靖の救国の情熱にうたれ、楊過は仇討ちと毒消しの入手を諦める。

モンゴル側の来襲の最中、黄蓉は女児を生むが李莫愁にさらわれてしまう。楊過は赤子を取り返そうとするが、その途中、武兄弟が郭靖黄蓉の娘、郭芙をめぐって争うのを仲裁するため、郭芙が自分の許婚であるかのように匂わせ、それを偶然小龍女に聞かれてしまう。悲嘆に暮れる小龍女は、さらにあの日の相手が尹志平であることを知り愕然とする。

一方、何も知らぬ楊過は、小龍女がすでに処女ではないことを告げた郭芙といさかいになり、片腕を切り落とされてしまう。片腕となった楊過は神鵰と再会し、絶世の剣の達人、独狐求敗が山中に残した剣の極意を体得する。山を下りた楊過は李莫愁と黄蓉が赤子を奪い合っているすきにその赤子を奪って走り去る。

尹志平を全真教本部まで追ってきた小龍女は、尹志平を刺殺しようとして危機に陥り、そこに現れた楊過に急を救われたものの、そのとき、致命的な傷を負ってしまう。

重陽祖師の像の前で夫婦の誓いをした二人は、活死人墓の洞窟へ戻り、力を合わせて助かるための最後の努力を始めるが、赤子を探しにやってきた李莫愁や黄蓉、郭芙らのために、その努力も水泡に帰してしまう。

途中出会った一灯大師の言葉に最後の毒消しの望みを託して二人はまた絶情谷に戻るが、頼みの綱の天竺僧が李莫愁によってあえなく殺されてしまい、万事休した。

次の朝、小龍女は断腸崖に一六年後の再会を書き残して姿を消す。「南海神尼が連れていったのだから小龍女は助かる」と言う黄蓉の言葉を信じ、楊過は天竺僧の残した断腸草を飲んで危機を脱するが……。

一六年が過ぎ、楊過は神鵰侠としてその義侠を天下に知られていた。あの日の赤子、郭襄と知り合った楊過は郭襄の誕生日の祝いにモンゴル軍に大打撃を与える。しかし、黄薬師から南海神尼が架空の人物だったことを聞かされた楊過は絶望にうちひしがれ、さらに父の死に場所の鉄槍廟で父の売国奴としての正体を知る。

一六年目の三月二日、楊過は絶情谷で待つが小龍女は現れず、絶望した楊過は小龍女が身を投げたその谷へ自らも身を投げる。しかし、谷底は水で、そこで楊過は一人暮らす小龍女に再会したのだった。

谷から出た二人は襄陽に駆けつけ、その危機を救い、さらに諸英雄と華山に集うた。そして、楊過と小龍女は手を取り合って二人きりで山を下っていったのだった。

四、『宮本武蔵』と『神鵰侠侶』

（一）小説のスタイル

§1　ビルドゥングス・ロマン

『宮本武蔵』と『神鵰侠侶』は共に主人公の青年の成長物語である。両者の境遇にも似通ったものがある。

武蔵は母が離縁され、厳しい父の手で育てられたが、やがて母の死を聞き、手の付けられない暴れん坊になる。

楊過は父の顔を知らない。生まれたときには父はすでに亡く、母とも一一歳で死別し、孤児となる。

共に温かな家庭とは無縁の育ち方をしている。従ってどちらもが世の中に背を向け、時に世の中に牙をむき、世の中を無視しようとする。


樹に吊るされた武蔵は沢庵に「今日までの振る舞いは無知から来ている生命知らずの蛮勇だ」と諭される。武蔵は野生児だ。「無二斎がたびたび加えた武士的な折檻は、かえって豹の子に牙をつけてやったような結果を生んでしまった」のである。武蔵の歩みはここから始まる。


楊過は武蔵のような自然児ではないが、気性は激しい。「俺はガキの頃から、嫌というほど邪険にされてきたけれど、心底親身になってくれる人もたくさんいた。――中略――俺の生まれは、よほど妙な星回りに違いないや」と考える。

「これは楊過自身の気性が激しいからこそである。気の合う者には真心の限りを尽くし、虫が好かない人間は仇扱いする、そういう極端な人あしらいをするのだから、相手がそれに見合った応対をするのは当然なのだが、楊過はそこに考えが及ばなかった」と作者は述べる。


このような両者の出発点は当然の事ながら、それぞれの作者の生い立ちをなにがしか反映している。父とのわだかまりの中で、母を助け、貧乏を背負って育った吉川と、少年時代に一家離散の苦しみ[12]を味わった金庸にとって、このビルドゥングス・ロマンは苦難の中で成長した己の軌跡と多分に重なるものであり、決して虚構とはなり得ないものであった。

§2　師の存在

武蔵、楊過の二人は、その成長過程に父がいない。そのかわり、それぞれに人生の師が存在し、その成長を助ける。沢庵和尚と郭靖である。

沢庵は武蔵に「真に生命を愛する者こそ、真の勇者である」と諭す。沢庵は自分の禅を「わしの禅は、活禅だ、娑婆禅だ、地獄禅だ」と言い、「かりそめにも虚無感があってはなるまい」とも言う。人間として生まれた使命を問うているのである。

郭靖は楊過に「俺達が武芸を学ぶのは何のためだ?」と問い掛け、こう続ける。「国のため民のための〝侠中の侠〟だというのを忘れず、いずれ天下に名を揚げたら、万民に慕われる本物の大侠になってくれ」と。楊過はこの言葉によって仇討ちという個人的な恨みから、より大切なものが何かに目覚めていく、ここに楊過の人間的成長が集約されているのである。

『宮本武蔵』は武蔵の全人格的な成長がテーマである。したがって、沢庵は武蔵に男女の恋愛についても説くし、剣の道も説き、天地の生命も説けば、治政の要も説く。

『神鵰侠侶』は男女の純愛が最大のテーマであるその中で楊過の人間としての成長は、小龍女への愛の他には、上述の〝侠〟の精神として私憤から公憤に目覚めるところに重点がある。

(二)　封建的束縛への反発と社会との関わり

§1　お通と小龍女の生い立ち

武蔵と楊過の相手であるお通と小龍女には大きな共通点がある。ともに捨て子であり、孤児の身であった。

お通は「彼女がまだ、世の光も見えないでいた嬰児の頃、七宝寺の縁がわへ、猫の子みたいに捨て子されてあった」のであり、小龍女は重陽宮に捨てられていたのを、師匠の林朝英が引き取って育てたのである。

このことは、小説の構成上大変重要な意味を持つ。なぜなら、吉川も金庸も、武蔵と楊過に身寄りのない女性を配する必要性があったのである。身寄りがないということはそれだけ封建的縛りから距離があり、自由である。一途な愛を描くには氏素性のしがらみは邪魔になる。武蔵、楊過、お通、小龍女をともにこのようなしがらみから遠い生い立ちに置くことは、両小説の構成上不可欠なポイントである。

この前提の上にこそ、息子の許婚に対するお杉婆の〝家〟の体面をかけた追求や、社会の道徳的規範を押し付けようとする郭靖夫妻の姿勢が鮮明に対峙される。仮に、お通に実母がいたり、小龍女に郭靖のような父親がいれば、彼女たちの行動に一〇〇％の同情は得難いし、ストーリーもかなり違ったものになってしまう。

お通の身元は後で判明する。伊織という弟の存在も明らかになる。しかし、吉川は敢えて二人をすれ違いにして再会させない。お通を天涯孤独のまま終わらせられなかった吉川の情と、再会させては武蔵とお通の凝縮された結末がぼやけてしまう事情が伺えるのである。

§2　封建的な束縛

それでは、吉川と金庸では人間性への封建的な束縛に対する対処の仕方にどんな違いがあるのだろうか。

吉川が忌むのは制度ではない。そこに人間の血が通わないことなのだ。沢庵は「ヤイ納所、おのれ坊主の分際をもって、御政道を誹謗したな」といわれ、「御政道ではない——領主と民の間に介在して、禄盗みも同様な奉公ぶりをしている役人根性へわしはいうのだ」と反論する。

この考え方は家族に対しても同様である。お通とお杉婆の確執はお杉の心からの悔悟で氷解し、お杉は武蔵とお通の間柄を認める。情による解決であり、制度そのものに対する否定ではない。

金庸はどうだろうか。第一四章で黄蓉が楊過を「龍姑娘はあなたの師父だから、それはあなたの親と同じってことなの。男女のように思ってはいけないのよ」と諭す。しかし、楊過は「どうして俺のすることなすこと、みんな邪魔するんだ？　俺は誰かを巻き添えにしたか？　姑姑は俺に武芸を教えてくれた。だけど俺は姑姑を妻にしたい」と反論する。そして、二八章で楊過は高らかに宣言する。「師と弟子の区別が、何だと言うんだ。名節なんて、俺たちの前ではくそくらえだ！――中略――いまから、お前は俺の師父でも、姑姑でもない。俺の、妻だ！」と。これは男女の愛を束縛する色濃い封建礼教への明らかな反逆である。

ただし、金庸は儒教的道徳を決して真っ向から否定しているのではない。なんとしても父の仇を討とうとする楊過の気持ちはまさに〝孝〟にほかならないし、郭靖のいる襄陽の危機を救おうとしたのは、まさに〝忠義〟にほかならない。そのなかで、特に仇討ちという特殊な〝孝〟の表現形態に対しては、これを私怨と見て疑問を挟みつつ、[13]〝大義親を滅し〟て〝忠義〟に馳せ参じることは正面からこれを評価していると言ってよい。[14]

結局、お通には、自分の愛を貫くことが封建的束縛に対する反逆である、といった自覚はないし、封建的束縛に立ち向かっている、という意識もない。ただひたすら武蔵を慕う気持ちがそうさせているのだろう。そこに、封建的束縛に立ち向かう姿勢を明確にする楊過との違いがある。このことは作家吉川と金庸の、作家としての根本的な態度の違いをそのまま投影している。これについては後述する。

§3　社会の捉え方

社会との関わりをどう考えるか、ということは一人の人間が成長していく過程で重要な要素になる。

武蔵は道端の陶器師の細工場に目を留める。六十近い翁が、一個の茶碗になりかけた粘土をいじっている。その技に見とれた武蔵は「これは大変な技だ。あれまでいくには」と感動する。「これほどな安焼き物を作るにも、これほどな良心と三昧とをもってしているのかと思うと、武蔵は自分の志す剣の道が、まだまだ遠いものの気がした」のである。大衆は大知識、という吉川の面目躍如である。こうして見れば、後年、武蔵が法典ヶ原で農に勤しみ、さらには将軍家の御指南番になろうとするのも、人間として立派に成長したことによる当然の帰結なのである。

楊過と小龍女の愛は活死人墓という、世間と隔絶された場所で育まれる。小龍女自身がまさにそうした試験管で無菌培養された存在である。二人は世間で心や身体に傷を受けるとここに舞い戻り、その傷を癒やそうとする。しかし、それは常に世俗の妨害に遭ってしまうのである。

金庸は、社会から隔絶して生きようとすることへの人々の憧れを十分受け止めながらも、それがかなわぬものであり、すすんで社会の中で生きようとする決心へ若者を導こうとする。それがゆえに、一六年ぶりに絶情谷で再会した二人にその隔絶されたユートピアに留まることを許さなかったのである。

§4　庶民への思い入れ

大衆は大知識、という上述の吉川の言葉からもわかるように、庶民の肌合いでものを見るという姿勢が吉川には色濃い。ただ、吉川の庶民とは被支配階級といった概念で規定される庶民ではなく、上は天皇、将軍を親とも見る、日本という一大家族国家の中の家族構成員なのであって、その紐帯をなすものは国という枠組みを一つの家と見た家族愛なのである。

したがって戦国時代という下克上の時代を背景に書かれた『宮本武蔵』だが、既存の権力や価値観に対する反逆ではなく、むしろ与えられた時代の趨勢の中で新しい平和な時代をどうやって作り出そうか、という方向に関心が向いている。

金庸の場合、『射鵰英雄伝』『神鵰侠侶』のなかで、乞食の結社やその首領に主人公の成長過程で大きな役割を担わせ、かつまた彼らを愛国、救国の中核にしているのは意味深長だ。乞食の結社の首領になる儀式では、みんなから唾を吐きかけられなければならない。乞食とはまさに社会でそういった存在なのだが、その乞食たちが実はもっとも忠義な集団なのである。

乞食の結社は何も金庸の専売特許ではないが、乞食という社会の脱落者に対する金庸のこういった扱いは人々の意表を突く。金庸は乞食もまた熱い血潮が流れている同じ人間だ、と言いたいのだ。『射鵰英雄伝』で郭靖は、乞食の姿をしている黄蓉になんの頓着もなく大切な汗血馬をあげてしまう。黄蓉はそんな郭靖に惹かれるのである。

金庸のこのような思い切った発想には、これが書かれたのが貧農を最上に逆転して位置づけたあの文化大革命より前のことだけに驚かされる。香港という特異な自由社会に身を置いた金庸が、ジャーナリストとしての思想啓蒙の役割を自覚しつつ、伝統的中国社会に対して突きつけた痛烈な皮肉であろう。

(三) 愛の描き方

§1　愛と修行

武蔵にとって男女の愛は修行の邪魔にほかならない。お通との間の苦悩はそれゆえの苦悩である。そもそもの出発点で武蔵は「なんで、これからの修行の旅出に、女などを連れて歩けるものか」と考える。その後幾多の修行を重ねた後、お通に再会するが、突き上げる欲情をお通に拒否され、武蔵は泣き伏してしまう。「きょうまでの切磋琢磨も一敗にまみれて、すべての精進苦行も、ここにむなしく崩れてしまったのか」と。

武蔵にとって女と剣は二者択一である。「恋と精進のふた筋に足かけて、迷いに迷い、悩みに悩みながら、今日までどうやら剣の方へ身を引き摺っている武蔵」なのである。明日は死ぬかもしれない修行に明け暮れる身に他人の人生を巻き込むことはできない、という思いも武蔵には強かった。

果てしない心の葛藤の末に武蔵は最終的にお通を受け入れたのだろうか。修行との関わりはどうなったのだろうか。

史実の武蔵は生涯妻帯しなかったが、小説の武蔵は巌流島の決闘の直前にお通と出会う。

「…ゆるせ。ゆるしてくれい。無情《つれ》無い者が、必ずしも、無情無い者ではないぞ、其女ばかりが」

「わ、わかっております」

「わかっているか」

「けれど、ただ一言、仰っしゃって下さいませ。…つ、妻じゃと一言」

武蔵はすぐには応じない。しかし、いざ出立のとき、こう言い放つ。

「武士の女房は、出陣にめめしゅうするものではない。笑うておくってくれい。――これが限りかも知れぬ良人の舟出とすれば、なおさらのことぞ」

お通はこのとき労咳を病んでいたようだ。武蔵が生涯妻帯しなかったという厳然たる史実の前に作者が曖昧にした結末は読者にあることを予感させる。しかし、それはどうでもよいことなのだ。

舟出前の一瞬の語らいと心の通い合いは二人にとって永遠のものであり、人生の凝縮であった。作者は巌流島に向かう武蔵の心中に、剣と愛がその相克を乗り越え相和した境地を見たかったのである。

小龍女は喜怒哀楽を捨てるよう訓練されていた。〈玉女心経〉を会得するためだ。喜怒哀楽を捨てるのだから、恋など論外である。恋をすればすべての修行は水泡に帰してしまう。実際、敵と戦いつつ楊過を案ずれば案ずるほど、技が効かなくなる。

しかし、すさまじい強敵、金輪法王に出会ったとき、小龍女は〈玉女心経〉の最後の一章の手を会得する。それは男女が互いを思いやることによってはじめてその精髄を極めることができる技なのである。修行に、〝男女の愛は妨げ〟ではなく、〝男女の愛が不可欠〟という設定である。

この金庸の発想は刺激的であるとともに、読者に斬新な感動を与える。筆者もこのくだりを読んで、つい、円谷幸吉の悲しい重苦しさと高橋尚子の屈託のない明るさを思い比べてしまった。シドニーオリンピックで日本の水泳陣に試合当日まで、それぞれのコーチの指導を受けることを認めたことが好成績につながった、とも報道されているが、人情を正面から肯定しようとする金庸のこの仕掛けに多くの人が切実な共感を感じるであろう。

§2　命を懸けた愛

真の愛に到達するには命懸けでなくては読者が納得しない。困難が多いほど、命をかけたものであるほど、読者は引き込まれ、ともに涙し、感情移入する。

武蔵を追いかけ、ただただ武蔵に愛されることだけを願っていた頃のお通は、武蔵を恨み、恨めば恨むほど物狂おしかった。「孤児というものは一種の冷たさとひがみがあって、めったに人を信じないかわりに、信じたからには、その人よりほかに頼りも生きがいもないように思い込むもの」だからなおさらである。

武蔵を追おうとするお通の姿に城太郎はぎょっとする。「血走っている眼、青じろく針の立った眉間、蝋を削ったような小鼻や顎の皮膚――」それは「狂女の仮面とそっくり」だった。

長い流浪と苦難を経、様々な人の情にも触れ、お通もまた成長していく。ある日、お通はあれほど自分を苦しめたお杉婆が洞窟に閉じ込められたのを必死に助けるが、感謝されるどころか、逆に責められ仮死状態になる。お通が死んだと思ったお杉婆はそこで初めて己の非に気づき、改心する。

この過程があってこそ、上述の武蔵との最後の出会いが実現する。仇に報いるに慈悲をもってし、それが故に自分の命さえも失いそうになる、この至純の人間愛がお通の武蔵への思いを一層純化して読者に伝えていく。

自分の命が助からないと思った小龍女は、楊過の命を救う効力があるかもしれないと知った断腸草を残し谷に身を投じる。自分が死んだと知ったら後を追いかねない楊過に、一六年後にまた会おうと書き残して。一六年経てば自分への思いも薄らぐだろうと思ったのだが、楊過は一六年後、変わらない思いを持ってこの地に立つ。そして、絶望の余り、小龍女が身を投じた同じその谷に身を投じたのだった。あにはからん、ともに相手を思って死を選ぶことで初めて二人の生と愛に全き成就が得られたのである。

それまで二人が別世界へ入ろうとしたときは常に傷ついていて、しかも邪魔が入った。何者にも邪魔されない谷底の別天地での幸せな再会こそは、自分の命を擲って愛を貫いた二人に対する約束の地だったのである。

自分を生かすために愛するのではない。人を生かすために愛し、それによって自分も生かされる、そこに本当の愛があるのだ、ということを吉川も金庸も主張していると言えよう。

§3　性と純潔

「〝おい！〟武蔵はいきなりそういった。猛然と、彼の巨きな腕はお通を抱きしめて枯れ草の中へ仆れた。お通は白い喉首を伸ばして、声もあげ得ずに、彼の腕の中でもがいた。――中略――お通は、〝いけないッ、いけませんッ、武蔵様ッ〟栗の棘みたいに自衛して、堅く身を縮めた。〝そ、そんなことっ…。貴方ともあろうお人が〟と悲しげに、彼女が、嗚咽したので――武蔵はハッとした」

『神鵰侠侶』の前編である『射鵰英雄伝』にこんな場面がある。

「夢見心地の穆念慈は、男の手が肌に触ると、はっと我にかえり、あわてて男の腕から抜け出した。〝いけないわ、だめよ〟完顔康は追いすがって、また彼女を抱きしめた。――中略――〝わたしはそんなに蓮っ葉な女じゃないわ。もしあなたが本当に私をいとおしいと思うのなら、どうかそんなことはしないで。将来、ちゃんと祝言をあげたら…、でも今はいけないわ〟」

『神鵰侠侶』では小龍女が操を奪われる場面がある。ただし、小龍女は目隠しをされていて、相手が愛する楊過だと勘違いしている。

「おずおずと抱き寄せた手が、次第に大胆になる。――中略――小龍女はうっとりした。怯えが消えるにつれて、情欲が胸の奥に沸いてくる。――楊過、あの子ったらこんな悪ふざけを――。ますます遠慮のなくなった両手が、ゆっくりと帯を解き、着物を広げかかるのへ、小龍女はなすすべもなく身を任せた。驚きと喜びと、そして羞恥に翻弄されながら」

お通と穆念慈も愛する男との語らいにうっとりするが、いざ男に挑まれると、驚愕し、拒絶してしまう。やり場のなくなった欲望とおのれの醜態に男は狼狽する。

お通は心の中でつぶやく。「〝…怒ったんですか。…怒らないでくださいね。あなたが嫌だったわけではありません。〟」と。

お通にしろ穆念慈にしろ、儒教的モラルを基盤とした社会で育っていて、その貞操観念から抜け出せない。そういう女性像に対して金庸は小龍女を登場させる。あらゆる世俗のしがらみを受けずに育った純粋無垢の女性にとって、愛する相手に身を任すのに、なんのしきたりもいらないのだ。小龍女がもし、そういった観念にとらわれれば、その瞬間、小龍女の純粋無垢なイメージは逆に音を立てて崩壊してしまう。

後になって、相手が尹志平だとわかったとき、小龍女は尹志平を追いつめ、恨みを晴らそうとする。しかし、小龍女は、楊過に対しては、「私は汚れた女です。あなたに愛される資格はありません」などとは言わないし、楊過との再会で、それが故に身を退くこともない。楊過もまた、小龍女のその事実を知っても、そのことで小龍女を責めないし、そのことは二人の愛に対し微塵も影をささないのである。

朱実の場合、どうだろうか。吉岡清十郎に無理やり犯された朱実は武蔵にこう訴える。

自分は「〝もう穢れのない野の花ではありません。人間に汚されて凡の女になってしまったつまらない女です。…けれど貞操というものは体だけのものでしょうか。体の上だけは清女でも、心がみだらな女だったら、それはもうきれいな処女とはいえないのではありませんか。〟」

しかしその後、朱実はこうも続ける。「〝もう私は、あなたに向かって、愛してくださいなどということは、厚顔しゅうていえませんし……」

吉川は社会の道徳観念の中で育った女性がみずからの意志に反して犯されたことに対して、現実社会の枠内で精一杯の主張をさせるという形でこの問題を扱う。そこに、常に現実の中で生きる庶民の立場で人物を描き、そのなかで可能な限りの救いの手を差し伸べようとする吉川の人情がある。

だから吉川の人情は朱実に対してもやはり最後に救いの手を差し伸べる。僧となった又八が、自分の子供をあやしながら必死に生きる朱実を見て還俗し、ともに手を携えて生きる道を選ぶ。二人にも安住の道を与えているのである。

金庸の理想を追う姿勢と吉川の現実のなかで精一杯の解決を図ろうとする姿勢は対照的である。

(四) 剣の道

§1　悟りの境地

「おん身は強すぎる、あまりに強い」

「あの殺気は、つまり、影法師じゃよ、はははは、自分の影法師に驚いて、自分で跳び退いたわけになる」

「その強さを自負していくと、お前さんは三十歳までは生きられまい」

いずれもが若き武蔵に浴びせられた言葉である。

その後、人に勝つ剣から「おのれに勝つ。人生に勝ち抜く」ことを目指した武蔵は、さらに、「剣から悟り得た道心をもって、人を生かす」ことを志し、「この道をもって、治民を按じ、経国の本を示してみせよう」と思い立つ。ここに至って武蔵は剣とはそも如何なるものかを悟る。

厨子野耕介は、師の光悦の教えを武蔵にこう紹介する。「由来、日本の刀は、人を斬り、人を害すために鍛えられるのではない。御代を鎮め、世を護りたまわんがために、悪を掃い、魔を追うところの降魔の剣であり――また、人の道を研き、人の上に立つ者が自ら誡め、自ら持するために、腰に帯びる侍のたましいである」と。

「剣の精神は政治の精神にも合致する」[15]と信じた武蔵は仕官の道を探るが、今一歩でチャンスを逃してしまう。その挫折の中で武蔵はまた迷い、お通への思いにも苛まされる。

助けを求める武蔵に愚堂和尚（臨済宗妙心寺派の名僧）は地に大きな円を描いてみせる。円は天地、縮めればそこに自己の一点がある。影があっても円は崩れない。自己の実体でない影が、行き詰まったと迷う心の影だと気付いたとき、武蔵はまなこが開ける。

このとき武蔵が到達した境地は、天地の命と呼吸を一つにする自然体であり、宮本武蔵の『五輪書』空の巻で言うところの〝空〟に通じ[16]、また沢庵の著した『不動智』で示されている古歌「思わじとおもうも物をおもうなり思わじとだに思わじや君」[17]の境地にもつながる。

楊過は神鵰に導かれ、絶世の剣の達人、独狐求敗の残した剣塚で三振りの剣を発見する。三振りの剣は大きな石版の上に置かれていて、それぞれ文字が刻まれていた。

第一の剣は「長さが四尺。きらりと光をはじき、いかにも利器と見えた」。石版には「〝紫薇軟剣、三十歳前に用いる所なり。誤ちて義士を傷つけ不祥なれば、乃ち之を深谷へ棄つ〟」とある。

第二の剣はおそろしく重い。「目方は、七、八十斤もするのではないだろうか。ところが、剣の刃も切っ先も鋭利ではなく丸くさえある」。石版には「〝重剣無鋒、大いに巧みなるは工みならず。四十歳前、之を恃み天下を横行す〟」とあった。

第三の剣は木剣だった。すでに朽ち果てている。石版には「〝四十歳前後、物に滞らず、草木竹石等しく剣と為るべし。これより精修し、漸く無剣の、有剣に勝るの境に進む〟」と書かれていた。

楊過は神鵰の勧めに従い、第二の剣で修行する。石版の文字は「ただひたすらに守り、打ち込む奇をてらわない剣術こそ、相手にとって最も抗し難く、剣を一心に、力を込めて突けば、玉女剣法等の変幻自在な剣術よりもさらに増すという真実を伝えていた」のである。なにやら、薩摩の示現流を想起させる。

鍛錬を経て、重剣の技を会得したとき、楊過は木剣を重剣のように使いこなせるようになった自分に気がつく。「それは、剣に拠らず、自分の功力の深さに拠る」ものであった。こうして楊過の剣術は「至高の域」に達した。

厳家炎氏はこの部分についてこう述べる。

「〝無剣にて有剣に勝る〟のは入神にして心のままに従う全き自由へ向かう境地である。これはまた、中国哲学が夢見る最高の境地であり、武功の境地であるのみならず、人生の境地でもある[18]」

思わず塚原卜伝の一の太刀の話や無手勝流のエピソードを思い出す。白扇一本で相手を追いつめ、参った、と言わせる達人の技も「剣に拠らず、自分の功力の深さに拠る」例だろう。厳家炎氏の言う「心のままに従う（随心所欲）」とは、まさに武蔵が愚堂和尚から学んだ境地に他ならない。

§2　二刀流

武蔵は二刀流を編み出した。実相円満の兵法、二天一流である。史実の武蔵は『五輪書』のなかで「刀は片手で扱えなければ実践の役に立たない。馬上でも、駆け足の時も、左手に弓を持っている時もいずれそうである」而して「両手に太刀を持てば大勢を相手にしても戦える」と述べている。きわめて合理的、実利的精神によって編み出されたものであることが伺える[19]。

小説中の武蔵は一乗下り松の決闘の経験から、二刀の方がむしろ自然である事を悟り、工夫を凝らす。生死の境で得たもの、しかし「剣の極意は、その生死の要意を日常化するにある」のである。「無意識でなく、意識あっての動き――しかもその意識が、無意識のように自由な動き――二刀はそうしたものでなければならぬ」と考える。そして武蔵は偶然見たお神楽の太鼓の撥裁きに瞠目する。「撥は二つであるが発する音は一つである。そして左と右――右と左――意識があって、意識が無い。いわゆる無碍自由の境」をそこに見たのだった。

小龍女は周伯通が「桃花島の洞窟で一人ぼっちで十何年も生活していた時、自分で自分と手合わせするしかなかった」といったことばを聞きとがめ、「自分で自分と手合わせするとはどのような技なのですか?」と訪ねる。そこで周伯通は「分心二用」「左右互搏」の技について説明する。

これを会得するためにはまず「左手で四角を描き、右手で円を描く」ことができなければならない。小龍女はこれを苦もなくこなす。「実はこの左右互搏の技の秘訣は分心二用の四文字にある。およそ智に優れた人物は、心の様が複雑で、一つのことを考え終えないうちに、次のことをまた考える」からできないのであり、「小龍女は、純朴で心に一点の曇りもない」からできるのだ。これによって、小龍女は左右の手で玉女剣法と全真剣法を同時に別々に操れるようになる。

金庸は岡崎氏との対談で、『宮本武蔵』から何か影響を受けたか、とたずねられ、「いや、これは最近読んだのです。前は読んだ事がなかった」と答えている。(20) してみると、これは金庸独自のもので、本来、楊過と心を合わせて行うべき技を、楊過がいない場面で一人でこなせるよう小龍女が工夫した事から編み出されたものである。しかし、吉川説くところの「無意識のような自由な働き」と金庸説くところの「純朴で心に一点の曇りもない」心はまことに通じ合うものがあり、興味深い。

(五) 国家観

「彼はなお黙って、恍惚としていたが、突然、おおきな声でどなった。〝天照大神さまだ!〟振り向いて、武蔵へ、〝ね、先生、そうでしょう〟〝そうだ〟」そして伊織はお日様を伏し拝みながら、

――猿には親がある。

——おれにはない。
——猿には大神祖《おおみおや》がない。
——おれにはある！

と涙する。日本という国を天照大神を大神祖《おおみおや》とする一大家族としてとらえている。家族としての情愛、温かい血、赤い血がそれぞれの中に流れ、人々を結び付けているという考え方である。

伊勢の大神宮でお通は城太郎に訓える。「——氏経様は、その中を、時の権力や貧困とたたかい、諸人を説きあるいて、やっと明応の六年ごろ、仮宮の御遷宮をすることができたというのです。——ずいぶん呆れるじゃありませんか。——だけど、考えてみると、私たちも、大きくなると、この体の中に、母の乳が流れて赤くなっていることは忘れてしまっていますからね」

また、光悦は夢想権之助にこう語りかける。「北条氏から足利氏への長い長い乱世のあいだ、あの石、そこらの草木までみな、一系の皇統を護るため戦ったものでしょう」。そして「百年の戦もなさん春は来ぬ　世の民くさよ歌ごころあれ」という石碑を紹介して、こう結ぶ。

「七たび生まれてこの国を護らんと仰っしゃった大楠公の御心は、名もない一兵にまで沁み徹っていたものとみえまする。また、この優雅と、心のひろさがあったので、遂に、百年の戦を経ても、ここの堂塔は今もなお、皇土の上に厳然と在るのでございます。有り難いことではございませんか」

『射鵰英雄伝』で郭靖と黄蓉は岳飛の遺書を発見する。そこには『五嶽祀誓記』という文章があった。「尽く夷狄を平らげ、聖君を都へ迎え、故土を回復し、朝廷に患いなく、主上の枕を安んじたてまつるが、余の願いなり」というその国を思う熱誠溢れる文を読み、郭靖は悲憤慷慨する。『神鵰侠侶』のなかの全真教も、そもそもが王重陽が金を相手に義軍を起し、武運つたなく将兵も死に絶え、活死人と名乗って引きこもったところから始まっているのである。

「およそ教訓というものを受けなかった」楊過は乞食結社で、「〝忠義の二文字を忘れるでないぞ！〟」という言葉を聞き、「大いに胸にせまるものがあった」。そして、第二二章で郭靖黄蓉夫妻のやり取りを聞き、「豁然と心が開け」、「郭靖夫婦は、深く愛し合いながらも、危機に直面したときは、天下の事をまず考えている。それに引き換え、自分は父親の私怨だの小龍女との恋だのに囚われ、いつ天下の大事を考えただろう？　少しでも天下の民の苦しみを思いやっただろうか？　比べてみれば、本当にさもしい」と自責する。

日本という、外敵の侵攻をほとんど受けたことのない、内輪もめによる戦火が生きることへの最大の脅威であった島国で自国の歴史を見つめる吉川、その吉川の、家族的情愛を土台とする国家観(21)に対し、ひとたび異民族に侵入されれば全土を蹂躙され、『楊州十日記』のような惨劇に見舞われる中国で自国の歴史を見つめる金庸、その金庸の、外敵から国を護ることが何ものにも勝る大義であるという思想は、決して相矛盾するものではないけれども、そこに横たわるニュアンスの違いの大きさは歴然としている。

一九世紀以降、帝国主義による侵略と闘争が激しくなったとき、この歴史の違いが外敵への対応の違いとなって顕著に表れる。日本は〝家族〟一丸となって、死なばもろとも、と玉砕を覚悟する。何度も異民族の蹂躙、統治に遭った中国人は、その中での生きる術を身につけ、粘り強く時を待つ。

修身、斉家、治国、平天下の思想はどちらの小説にも登場する。しかし、その持つ意味にはずれがあり、吉川と金庸の筆のなかにはそのずれが自ずと滲み出ている。そして、そのずれは、吉川と金庸がそれぞれの国で大衆文学の最高峰を極めることに重要な役割を果たしていると言えよう。

五、吉川英治と金庸

(一)圧倒的人気の秘密

§1　吉川英治

松本昭は『吉川英治―人と作品』のなかで、『宮本武蔵』は今日までの半世紀の間に、二千万冊以上も出版されている、と記している。『宮本武蔵』だけではない。『新書太閤記』『新平家物語』『私本太平記』いずれも熱烈な愛読者がいるし、それぞれが大ベストセラーだった。その秘密はどこにあるのだろうか?

すでに前章の作品比較の中で、吉川の人気の源と考えられる少なからぬ特徴をあげた。ここでは吉川と関わりのあった多くの人々の文章が掲載されている吉川英治全集月報(講談社、一九九六~一九七〇)で吉川の作品の魅力がどう語られているか見つつ、さらなるその人気の秘密を見てみよう。

棋士、升田幸三は吉川の作品は「読者も作者と一緒に歩き、一緒に生活しているような気持ちになる」(22)と語る。それはすなわち、「描写も発想も庶民の眼」(23)(作家、木々高太郎)ということである。それに加うるに、「人生の苦しさ、淋しさを取り扱っても、決して暗くじめじめしたところはない。澄んで明るい」(24)(作家、井上靖)という共通する特徴がある。

骨肉愛、無常感、求道は吉川の作品の三本柱と言われるが、庶民の感覚、庶民の眼、庶民と喜怒哀楽を共にしながら庶民に向けられる慈愛の眼差しは吉川文学の根底を成すものだろう。

吉川の、母への思慕、家族愛、人間愛等を伝える日常のエピソードは、一般読者には断片的にしか伝わらない。しかし、月報等に書かれた周囲の人々の証言を見るまでもなく、読者は作品の中に滲み出、横溢する作者の心情で十二分にそれを感得することができる。換言すれば、作品の中にこうまで素直に自分をさらけ出せる作家がどれほどいるか、ということにもなろう。

吉川作品の別な魅力に、その文体がある。政治家、鈴木茂三郎は「古語調と現代調を調和した気品と格調の高い吉川文学の文体[25]」と評しているが、筆者も全く同感だ。特に『新平家物語』の文体では、史実や古語に対する吉川の深い造詣と日本文化に対する味わいの深さが実に芳醇な香りを醸し出していて、無理なく気負いなく、しかも汲めども尽きぬ嫋嫋たる余韻を感じさせる。これに追随できる大衆作家を私は知らない。

加えて、歴史小説をものにする卓越した才能である。松本昭によれば、『私本太平記』執筆の折り、史学雑誌だけでも何百冊もあるという膨大な資料整理を手伝ったが、役に立ちそうだと思った論文のページをめくると必要個所にはちゃんと赤線が引いてあった[26]という。そして、歴史学者、豊田武は「『新平家物語』を読んで、吉川さんがどの程度吾妻鏡を理解しておられるかを検討し、吉川さんの読みの深さに驚嘆させられた[27]」と述べ、同じく歴史学者、中村直勝は「吉川英治氏の史眼には、申分なく敬服せざるを得なかった。吉川氏に教えられる学識の働かせ方が多かった[28]」と書いている。

綿密な調査、歴史を洞察する卓越した才能、その上で作家、田井真孫は「歴史小説のコツは、史実をできる限り深く調べて、そしてみんな忘れてしまうことです。それが勉強なのですが、吉川英治、長谷川伸の両氏にかなう人はいません[29]」と言う。

そして何よりも非凡なのは、「小説の筋を考えていると、つぎからつぎに浮かんで来て、収拾がつかないくらいだ」と吉川が自ら言った[30]というその天賦の才である。丹羽文雄はためいきまじりに、「羨ましい小説家だとおもった」と付け加えている。

豊かな発想と優れた構成力が、飽くなき史実の追求と、その史実を完全に自家薬篭中にした土台の上に縦横に展開される、これも吉川の大きな魅力の一つであろう。

§2　金庸

前出の岡崎由美監修『金庸の世界』によれば、「全世界の中華社会において、三十数年来、〝文化現象〟とまで言われるブームを持ち続けている作家」であり、「中国人がいれば、必ず金庸の小説がある、と言われている」。中国全土でもその人気は高く、鄧小平も愛読していて、(31)最近では、現代中国の代表的な作家を選んだ『二十世紀中国文学大師文庫』(海南出版社)の小説部門に選ばれた九人の作家の中で、金庸が、魯迅、沈従文、巴金に続く第四位にランクされ、中国大陸だけで四千万部売れたという。

紅楼夢研究の学問として〝紅学〟があるように、すでに金庸マニアによる金庸研究の学問(?)〝金学〟がブームになっている。関連本も目白押しで、大陸、台湾を問わない。

最初、香港で人気を博した金庸の小説は、その後、台湾、東南アジア、さらに海外の華僑社会へと波及し、八〇年代になって大陸へ流入し、学者、政治家から一般庶民に至るまで、あらゆる人々の心を捉えた。(32)一九九四年、金庸は北京大学から名誉教授の称号を授けられ、続く一九九五年、厳家炎は北京大学中文科に〝金庸小説研究〟の授業を開講した。その経緯は氏の著『金庸小説論稿』の序言に詳しい。

日本では、一九九六年から日本語訳の刊行がようやく始まった状況で、今まさに刊行途中であり、したがって、まだ金庸を知らない人も多い。英訳は翻訳が難しく、刊行はまだ一部に限られている。

金庸の人気の秘密は、まず、その人間に対する見方にある。すなわち、どんな登場人物も一個の人間として平等に扱っていることである。封建社会の身分差別、そして、封建支配の後ろ盾になっている形骸化した儒教、魯迅言うところの〝人食い宗教〟に対して、金庸は〝愛〟をテーマに人間性の解放を高らかに謳い上げる。前述の乞食の結社の扱い方や、小龍女の愛などはその良い例だろう。

その一方で、共産党支配下の大陸における、儒仏道を中心とした精神的伝統に対する破壊、〝黒五類〟(地主、富農、反革命分子、悪質分子、右派分子)への迫害と言ったような新しい身分差別にも金庸は組しない。金庸が重んじる〝義〟

の内容は明らかに儒教精神を含んでおり、本人も儒教の経典を引いて自分の考えを説明することになんの躊躇もないことは、本論の前半に紹介した彼の言からも明らかである。

人々を苦しめ、窒息させた封建礼教から人々を解放しつつ、中国人と中国文化を支える根本精神、伝統に対してはこれを正当に評価し、人々の胸に中国人としての誇りを蘇らせた金庸の筆は、文革に象徴されるような共産党による民族文化や伝統の破壊によって、中華民族の歴史に対する自己の誇りを深く傷つけられた(33)多くの中国人の心を救い、人々に家族を大切にする中国の良き伝統を護る自信を持たせたと言えよう。

個の解放と中国的な家族制度というこれまであたかも矛盾するものとして対立的に捉えられていた両者を、金庸がその作品の中で見事に両立させたことは、多くの中国人にとって、大きな救いになったことだろう。金庸は〝修身、斉家、治国、平天下〟に新しい解釈、新しい息吹をあてて、改めて人々の前に提示しなおしたのである。

金庸のもう一つの視点は民族問題である。中国は漢民族が九〇％以上を占めているが、実体は五五の少数民族を抱える多民族国家である。金庸の小説の特異なところは、その背景となる時期が、金、元や清といった異民族との抗争期であり、異民族から国を護ることがテーマになっているにもかかわらず、異民族を徹底した悪者に仕立て上げていないことである。

例えば『射鵰英雄伝』や『神鵰侠侶』のモンゴル族の登場人物は、ジンギスカンにしろ、フビライにしろ、いずれもひとかどの人物として描かれている。『書剣恩仇録』にはウイグル族がでてくるが、これも勇敢で、信義に厚い人々として描かれている。

金庸はこの点について、「中国の全体的な歴史の観点から見れば、漢族を正義の側、少数民族を中原への侵略者とする人もいるが、これは間違いだ。実際は、漢族もしばしば少数民族を虐げてきた。だから、公平にしているんです(34)」と述べている。つまり、どっちにだって良い奴も悪い奴もいる、ということだ。この民族観は一九六三年から

『明報』に連載された『天龍八部』にさらにはっきり現れている。これは中国における時代小説の従来の殻を打ち破った画期的な点であり、金庸の小説が多くの少数民族出身者を含む現代中国人に広く受け入れられた重要な要素であろう。

「良い奴も悪い奴もいる」という考え方をさらに突き詰めると、一人の人間に対する見方、つまり、全くの悪人はいない、という考えにつながる。金庸の小説の特徴は、悪人を、典型化された根っからの悪人には描かないことだ。『神鵰侠侶』の李莫愁は恋に破れたことが原因で殺人鬼のようになってしまうのだが、黄蓉と赤ん坊の奪い合いをした際、毒に中り瀕死になる。そのとき、李莫愁は、黄蓉が赤ん坊の母親とも知らずに、「後生ですから、何とかあの子の面倒をみてやって、手にかけるようなことはなさらないでほしいんですよ」と黄蓉に頼む。

金庸が描く悪人は生まれついての悪人ではない。地位、欲、愛、不運といった我々を取り巻く様々な人間の業によって自分を見失った人、換言すれば、最も人間らしい人間たちの、ある一時期の迷いの姿を描いているのであって、彼らもまた、金庸の小説の重要な脇役であり、時には主役にさえなるのである。

フロイトなど心理学にも造詣が深い金庸は、自分はキャラクターを優先させてストーリーを組み立てる方法をよく取りいれる、と述べている[35]。人物優先の姿勢がうかがえる話である。

金庸の別の魅力は、他の武侠小説にない史実の正確さであろう。歴史の推移に忠実に沿った上で、それに様々な伝承や民話的素材を絡ませ[36]、筋を仕立てていく。しかも、金庸は中国の様々な文化―文学、哲学、宗教、美術、天文、風俗などあらゆる方面に該博な知識を蓄えている。

例えば『金庸小説研究系列（シリーズ）』（百花洲文芸出版社）中の『金庸小説与中国文化』は上巻、下巻に別れていて、上巻は文化知識録となっているが、その目次は〔史。地。易。儒。仏。道。兵。典。政。武。医。詩。琴。棋。書。画。花。酒。食。俗〕に分かれている。金庸はこれらの知識を縦横無尽に使いこなし、説得力のあるそれらしい仕掛けを随所に施すとともに、文化的教養度においても十分に厚みのある作品を生み出したのである。

(二) 吉川英治対金庸

「金庸抜きで中国近代文学を語るのは、吉川英治ぬきで日本近代文学を語るようなものだ」と田中芳樹は言う(37)。

共に伝奇小説に卓越した才能を示してデビューした作家が、史実をおろそかにせず、丹念に調べた上で書いた小説、権力争奪の歴史小説ではなくビルドゥングスロマンというスタイルを用いた、登場人物一人一人に個性を持たせた小説、それが本論で取り上げたこの二篇の小説である。

これまでの検討で、二人の作家と二つの作品には様々な類似点が見出せた。主要な点を列挙してみよう。

一、吉川は貧乏の中で、金庸は戦火の中で、それぞれ苦労した少年時代を過ごしていて、それが主人公の境遇や性格に反映していること。

二、家族愛、特に母の愛、母への愛が重要な要素になっていること、さらにその根底には深い人間愛が込められていること。

三、主人公の人間的成長の過程が、誰もが身につまされる普遍性に富み、なおかつ、示唆に富んでいること。

四、男女の愛について、程度の差こそあれ、封建的束縛からの脱皮を図っていること。

五、自国の精神文化の良さをわかりやすく人々に提示し、誇りと自信を持たせたこと。

六、現実の社会や政治の状況に関わったテーマを常に作品の中に盛り込んでいること。

そして、さらに、二人に共通した土台として、その該博な知識に裏打ちされた深い文化的教養の魅力が挙げられよう。

吉川と金庸の最大の相違は、ともに深い人間愛に裏打ちされているとはいえ、国を家族と見、日本という枠内でユートピアを追う吉川と、香港という東と西の接点にある特殊な〝るつぼ〟の中から様々な思いで祖国を見つめ、祖国の未来を案じる金庸の違いであろう。

特に、現代史の中で、中華民族の精神的、文化的伝統が大きく損なわれたことに対する金庸の憂鬱は深い。この情況を如何に改善すべきか、は金庸にとって直面する大きなテーマであり、そのためか、金庸は一面極めて理性的であり、冷静でもある。

一言で言えば、〝情〟の厚い市井の道学者が吉川であり、人間愛にとんだ文化人的政治家が金庸ということになろうか。

それにしても、読者をハラハラドキドキさせながら一挙に読ませてしまう展開のうまさは、ともに天性のものと驚嘆の他はない。

司馬遼太郎は「文学の働きの中で、最も大きな光栄の一つは、人間の典型を作るということである」と述べた後、シェクスピアのハムレットと、セルバンテスのドン・キホーテを挙げ、「日本の作家のなかでそれを作りえたのは、わずかに谷崎潤一郎の『痴人の愛』におけるナオミと、吉川英治の『宮本武蔵』における武蔵像のふたつだけである」と喝破している(38)。

一度、断筆を宣言した金庸だが、本格的歴史小説を執筆する意図もあるやに聞く。司馬のいう〝人間の典型〟は、金庸の筆からすでに生み出されたのか、はたまた、これから生み出されるものなのか、今後も当分、金庸から目を離すことができそうにない。

注

1　関川夏央「『宮本武蔵』を初めて読む」『文藝春秋』二〇〇〇年一〇月号。

2　鄭春元『侠客史』一頁、上海文芸出版社、一九九九年。

3　岡崎由美監修『きわめつき武侠小説指南』一二〇頁、徳間書店、一九九八年。
4　鄭春元『侠客史』上海文芸出版社、一九九九年、第三章参照。
5　岡崎由美他『武侠小説』八頁、すぴか書房、一九九六年。
6　岡崎監修、前掲書一二七頁。
7　金庸（岡崎由美訳）『書剣恩仇録』第一巻、徳間書店、一九九六年。
8　岡崎由美監修『金庸の世界』二五頁、徳間書店、一九九六年。
9　厳家炎『金庸小説論稿』二一五頁、北京大学出版社、一九九九年。
10　岡崎監修、前掲『金庸の世界』四六頁。
11　厳、前掲書九五頁。
12　厳、同書一六六頁。
13　『神鵰侠侶』第十章で耶律楚材は嘆く。「ああ、仇討ちは仇討ちを呼ぶ。その果てしない復讐の輪は、いったいいつ断ち切ることができるのか…」
14　このように私怨を戒めようとする金庸の考え方を、金庸が現実に見た国共内戦や反右派闘争における同胞の憎しみ合いにたいするやりきれない心情の投影と見るのはうがちすぎだろうか。郭靖への恨みを楊過が忘れ、ともに外敵にあたろうとする話は、張学良が蒋介石を諌めて、抗日のために国共合作させた西安事件を彷彿とさせる。
15　松本昭『吉川英治―人と作品』一七二頁、講談社、一九八四年。「基本はやはりこの『大学』の儒教的教訓の中にあった。修身求道を禅によって研き、以て剣の達人になり、無刀、無心を悟ったとき、一剣よく天下を治める、というのだ」
16　『五輪書』空の巻。「智は有也。利は有也。道は有也。心は空也」

17 山田次朗吉『剣道集義』一橋剣友会、一九二三年、所収。
18 厳、前掲書五三頁。
19 『五輪書』地の巻。
20 岡崎監修、前掲『きわめつき武侠小説指南』六七頁。
21 松本昭『吉川英治─人と作品』一四七頁、講談社、一九八四年、では、二・二六事件のとき、吉川が反乱軍に差し入れをした行為を、「素朴で庶民的な骨肉愛」として紹介している。
22 吉川英治全集月報三二、講談社、一九六八年一一月。
23 同全集月報四六、講談社、一九六九年一一月。
24 同全集月報三八、講談社、一九六九年四月。
25 同全集月報一六、講談社、一九六七年九月。
26 同全集月報三七、講談社、一九六九年三月。
27 同全集月報三六、講談社、一九六九年二月。
28 同全集月報四、講談社、一九六六年九月。
29 同全集月報四三、講談社一九六九年八月。
30 同全集月報一四、講談社一九六七年七月。
31 厳、前掲書一二頁。
32 厳、同書二〇九頁。
33 厳家炎は「五〇年代から、〝侠〟を批判し、宗教を批判し、教育救国論や実業救国論を批判し、胡風、馮友蘭、馬寅初等を批判し、結果として、善へ導くことが嘲笑され、愛の心を説くことも蔑視され、文化教育事業は踏みにじられ、人助けをするという精神が社会から欠落し、文革では伝統文化の中の優れた道徳観念も一掃されてしまった」と嘆いている。(『金庸小説論稿』二一二頁)

34 岡崎監修、前掲『きわめつき武侠小説指南』八七頁。

35 岡崎、同書一七七頁。

36 『連城訣』は、その筋立ての骨格が『モンテ・クリスト伯』とよく似ていることが指摘されるが、『連城訣』の後書きで金庸は、自分が幼い頃、生家にいた和生という作男の話が下敷きになっていることを明らかにしている。

37 岡崎監修、前掲『金庸の世界』一八頁。

38 吉川英治全集月報四一、一九六九年六月。

参考文献

厳家炎『金庸小説論稿』北京大学出版社、一九九九年。
鄭春元『侠客史』上海文芸出版社、一九九九年。
陳佐才『侠人生』上海人民出版社、一九九九年。
『金庸小説与文化』「金庸小説研究系列」百科洲文芸出版社、一九九九年。
『金庸小説人論』「金庸小説研究系列」百科洲文芸出版社、一九九九年。
『金庸小説芸術論』「金庸小説研究系列」百科洲文芸出版社、一九九九年。
岡崎由美監修『金庸の世界』徳間書店、一九九八年。
岡崎由美監修『きわめつき武侠小説指南』徳間書店、一九九八年。
岡崎由美他『武侠小説』すぴか書房、一九九六年。
復刻版吉川英治全集月報『吉川英治とわたし』講談社、一九九二年。

松本昭『吉川英治—人と作品』講談社、一九八四年。
山田次朗吉『剣道集義』一橋剣友会、一九二三年。
神子侃『宮本武蔵五輪書』徳間書店、一九六三年。

中国の「都市化問題」に関する論議の推移と深化の検証

まえがき

農村戸籍を持つ出稼ぎ労働者も含めた中国都市部の人口が六億人を突破したのは二〇〇九年のことである。当時の都市化率は四六・六％だった。二〇一一年になると、都市化率が五一・二七％（六億九〇九七万人）になったことが大きく報道された。

一方、エネルギー消費の効率化からスマートグリッドが話題になり、それがスマートシティ構想へと発展、これにエコシティ、ナレッジシティといった概念が加わり、現代的都市建設ブームが沸き起こった。個別都市の都市計画事例としては以下の三例が挙げられる。

1.「二〇五〇年には世界的な都市に」との目標を掲げた北京市のコンセプト
2. 沿海都市の典型としての南京市の都市化プラン
3. 西部地区のモデルケースとしての重慶市の都市農村一体化プラン

スマートシティ計画では、周知の如く先行例として二〇〇七年一一月にスタートした「中新天津生態城」があり、そのコンセプトとしては、都市計画、環境保護、資源の節約、循環経済、生態建設、再生可能エネルギーの利用、中水の再利用、持続可能な発展、社会の調和の促進などが謳われた。エコシティについても一九九九年に国家環境保護総局が三三のエコモデル地区を指定、二〇〇三年にエコシティ建設指標二八項目が、二〇〇六年にはエコシティ評価基準が公布され、その後、一〇〇を超える都市がエコシティを標榜し、乱立気味にさえなった。ナレッジシティも含めそれぞれの定義が不明確な中、言葉だけが先行したが、逆にそれが様々な自由な発想の展開も刺激し、国を始めそれぞれの地方や都市が「都市化」を独自の角度から捉え、その理念を標榜していった。

国レベルだけでも全国緑化模範都市／中国緑色都市ベストテン都市国家／園林都市／全国環境模範都市／中国エネルギー節約排出削減ベスト二〇都市／国家健康モデル都市／国家衛生都市／デジタル都市と枚挙に暇がない。また、都市化を図る指数として、「中国城市環境宜居指数(1)」「城市可持続性指数(2)」なども現れた。さらに、経済と社会の長期発展プラン／空間プラン／土地利用プラン／環境保護プラン／人口発展プランといった様々な視点からのプランも構想された。

では全国各都市はどんなキャッチフレーズを掲げたのだろうか。これを概観すると、大まかな趨勢が読み取れる。様々な構想

一、持続的発展が可能な都市
二、経済と社会がうまく調和した都市
三、都市と農村がうまく調和した都市
四、社会保障と社会福祉が充実した都市
五、人口と環境がうまく調和した都市
六、歴史や文化とうまく調和した都市
七、健康な都市
八、都市生活の公共インフラが整備された都市
九、交通の便がよい都市

一〇、デジタル都市
一一、豊かな教育が受けられる都市
一二、資源枯渇型都市の再生
一三、〝創新〟都市
一四、地域発展において明確な役割を担う都市
これらを詳細にみると、言葉でどう表現するかの違いはあっても、内容的には多くの部分が重複する。一方、こういった概念が飛び交う中で「都市化」に対して一歩も二歩も踏み出した新たな発想も芽吹いた。例えば、
一、都市内部を機能別に区分し発展させる。
二、〝小区〟（団地）の壁をなくす。
三、「都市化の落とし穴」「中進国の落とし穴」への備え。
四、都市と農村の協調的発展、経済社会発展の一体化。
五、〝慢城〟（citta slow）の思想[3]。
六、農村の農村化。「都市はより都市らしく、農村はより農村らしく」「都市と農村の一体化は有機的結合に」。
そして、この議論がさらに進むと、
一、中央政府主導の大型新都市建設だけが都市化か。
二、新都市建設と再開発は違う。
三、地域の視点の導入（役割分担・規模・主幹産業など）。
とまで発展していく。

以上の動きはほぼ二〇一一年までに見られたものである。二〇一二年になると、秋の一八全大会を控えた動き、そ

の後の経済工作会議と二〇一三年春の李克強内閣の誕生、そして同年末の三中全会へという流れの中で、「都市化」に関する議論はいよいよ白熱化していった。もちろんこれには、李克強内閣が国内消費を牽引する切り札として「都市化」を取り上げ、さらにその手段として市場の「見えざる手」の大幅な導入を図ろうとする動き、それに連動して進められた地方政府の業績主義や腐敗への摘発が追い風となっていることは明白である。

二〇一二年から二〇一三年末までの二年間に人民日報に掲載された都市化関係記事や論文は数え方もあるが優に四〇〇本近い。その内、本格的な分析や論評を加えた記事だけでも八〇本を超えた。こういった掲載の仕方はおよそ日本の一般紙では考えられないが、人民日報は党機関紙としてのプロパガンダ的役割を果たす一方で、こうした新たな課題について専門家の議論を深める大事な役割を何度も果たしている。過去の例を見ても、「環境問題」「社区の発展」「企業の社会的責任」「社会モラルの構築」など、多くの重要なテーマがこの手順を踏んで深められた。入れ代わり立ち代わり書くことにより、新知識・新知見が瞬く間に共有され、常識となり、時には次第に色褪せ、そこから新たな理論や観点が模索される。国内でネタが尽きれば、次に書く者は、広く世界から新知識・新知見を探してこなければならないし、当然、自身もそれを生み出す努力を迫られる。このプロセスを踏むと、いずれのテーマでも、一年もあれば議論が急速に深まり、進歩する。この二年間の「都市化」に関する議論の展開はまさにその典型と言えよう。

この二年間の議論の中での大きな進歩と言えば、概念の明確な区別であろう。これまでの「都市化」という言葉を広義の都市化と捉えれば、その中には、ゼロからのニュータウン建設、従来型都市の現代化、農村の都市化、都市と農村の有機的な結合のすべてが含まれ、それらは時には分けて論じられることがあっても、多くの場合は混在してしまっていた。もちろん、それぞれのコンセプトが明確化されてきた、と言っても完全ではない。例えば、〝城镇化〟という中国語は今なお「広義の都市化」としてよく使われている。その一方でこの語を「農村の都市化による小城鎮(小都市)の建設」という狭義で使う学者・研究者も増えている。まさに今は翻訳者泣かせの過渡期と言えよう。

そこで、本論では、この二年間八〇本余りの主な記事・論説について分析を行うことで、今、中国がどのようにして「農村の都市化」に取り組もうとしているのか、どう過去を分析し、問題点を把握し、どういう将来構想を描き、その実現のために何をしようとしているのか、どういう意見対立があるのか、を明らかにしたい。そこには冒頭に紹介した様々な都市建設のコンセプトが浸み込んでおり、またそのプロセスで進化もしている。

なお、記事・評論からの引用については、煩瑣を避けるため出典を〇番号で提示する。末尾に提示する検索目録を参照されたい。

一、農村の都市化：これまでの動き

まず、中国の都市化に存在する基本的な問題の指摘を見てみよう。

最大の問題として、①は「欧米諸国が広い国土で一〇〇年以上かけて都市化を行い、しかも移民による人口圧力の軽減という条件が備わっていたのに対し、中国の場合は居住に適した狭い面積での迅速な都市化に特徴がある」と指摘する。

都市化のスピードは過去三〇年、年平均一・〇一ポイントで、これを二〇〇八〜二〇一一年の統計で見ると以下のようになる（㉟）。

	都市人口の割合	新規都市就業者数
二〇〇八	四六・九九％	一一一三万人
二〇〇九	四八・三四％	一一〇二万人
二〇一〇	四九・九五％	一一六八万人
二〇一一	五一・二七％（六億九〇九七万人）	一二二一万人
二〇一二	五二・五七％	一二六六万人
二〇一三	五三・三七％（七・一億人、うち三分の一は農村戸籍）	

この数字を見ると、リーマンショック直後に一時的に沿海地区で仕事にあぶれた出稼ぎ労働者が農村に戻った影響で二〇〇九年の数値がダウンした以外は、着実に都市での就業者数が増えているのがわかる。この新規都市就業者数は農村からの労働力以外の就業者も含むが、都市戸籍を取得した農業人口という角度から見ると、二〇一〇〜二〇一二年三年間では二五〇五万人、年平均八三五万人に達する。

都市化のプロセスを発展形態から見るとどうだろう。

③は一般的な都市化の三段階の発展プロセス、すなわち

第一段階　大量の農村人口が都会に

第二段階　都市の郊外への拡大と都市群の出現

第三段階　逆都市化（市民が非農業従事者として農村や小都市へ流入、農村が復興）

に照らし、目下の中国は、都市圏快速鉄道の整備で第二段階に突入し、一時間生活圏が形成され、都市群が出現しつつある、と分析する。

一方、(64)は過去二〇年の三段階の都市化発展を以下のように分けた。

第一段階　ハイテク産業開発区主導。一九八八年の中国国家ハイテク産業化発展計画〝火炬计划〟以降。

　成功例：一九九四年からの「蘇州工業園」

第二段階　二〇世紀末から多くの行政府の中心が新区へ移転、新しい都市開発を行った。

　例：鄭州市鄭東新区

第三段階　過去二段階のツケで「人の都市化」が不足し、新型都市化の模索が始まった。

　すなわち、産業の発展と人口の就業を中心に置く発展方式の革新が図られる。

中国における第二段階の問題点を消費との関連で捉えたのが⑦で、「都市化の加速だけでは内需の総量は拡大しても内需構造のバランスにはマイナスだ」として日本と比較した。

	都市化中期段階	都市化年平均上昇率	投資率	消費率
日本	一九五〇〜七〇年	一・六ポイント	一五ポイント上昇	一七ポイント下落
中国	九〇年代中期	一・四ポイント	八・三ポイント上昇	一〇・七ポイント下落

日本の消費率は都市化の速度がダウンした後に緩やかに上昇したが、中国はこれまで「高蓄積・高投資・急成長」路線を取ってきて、消費率が異様に低い。ちなみに二〇一〇年は四七・四％（世界主要経済国で最低）で、経済の持続的高度成長に不利だ、と指摘する。

これまでの政府の都市化空間戦略を時系列でまとめたのが(69)である。

第六次五カ年計画（一九八二〜）　大都市は抑制し、中都市を合理的に発展させ、小都市を積極的に発展させる。〝以小为主〟「蘇南モデル[4]、温州モデル[5]が手本」

長所：コストが低く効果が速い。農村の余剰労働力の吸収にプラス。
短所：資源の浪費、環境汚染など。
第九次五カ年計画（一九九六〜）「大中小都市と城鎮」を徐々に形成。配置と構造が合理的な城鎮システムを目指した。〝以大为主〟、〝百万民工大移动〟
第一一次五カ年計画（二〇〇五〜）都市群を都市化の主要形態に。
第一二次五カ年計画（二〇一〇〜）輻射作用が大きい都市群を。

〝城镇化〟という語が正式に採用されたのは二〇〇〇年の一五期五中全会における〈第一〇次五カ年計画に関する意見〉で、その後、二〇〇一年八月には戸籍管理制度の改革が提唱され、二〇〇四年には「都市の産業移転の受け皿になり、都市への圧力を緩和する一方、農村を支え、農村の活力を強化する小城鎮建設のモデルにする」ため「全国重点鎮」が公布された(6)。

二〇〇七年の十七全大会では、「中国独自の都市化の道を歩み、都市と農村の一体化、合理的な配置、土地の節約、機能の十全、大を以て小を導くといった原則に則り、大中小城市と小城鎮の協調的発展を促し、巨大都市を中心とした輻射作用の大きい都市群を形成し、新しい経済成長の極を育成する」との方針が打ち出されて、主要な位置づけとして大都市と都市群の形成が広く認知された。

これを受けた二〇一二年の十八全大会では「都市化は小康社会を全面的に打ち立てる受け皿の一つ、経済発展方式転換の重点の一つ」との立場を明確にし、「工業化・情報化・都市化・農業の現代化が互いにプラスの相互作用をし、ともに発展する」ことを掲げ、その中で「人の都市化」対策として、戸籍制度改革を早め、農業余剰人口の市民化を手順よく進め、都市の基本的公共サービスを常住人口（半年以上居住者）全体に行き渡るようにすることが謳われた。

また、その直後の二〇一二年一二月に開催された中央経済工作会議では、都市化は六項目の工作重点の一つとして独立した項目に掲げられ、「都市化を積極的かつ着実に推進し、都市化の質をしっかり向上させる」との方針が打ち出された。

こういう動きをまとめたのが二〇一三年六月第一二期全人代常務委員会第三回会議で国家発展改革委員会主任徐紹史が発表した〈都市化建設工作状況に関する国務院の報告〉で、

1．農業転出人口の市民化を段階的に推進する。
2．都市化の配置と形態を最適化する。
3．都市の持続可能な発展能力を向上させる。
4．都市と農村の一体化を推進する。

という四大戦略的重点が列挙された。

こうしてみると、これまでの都市化の動きは、一方で「大都市と都市群の形成」という段階に達しながら、上記の「農業転出人口の市民化」が平行して依然喫緊の課題となっており、そのためには「都市化の配置と形態を最適化する」という機能別の都市化構想が必要であり、中でも小城鎮建設の重要性が際立ってきていることがわかる。

この点に関し㉓は、農民を一括りにするのではなく、農民には

1．都市に出たくない農民。
2．都市に出ることをためらって徘徊する農民。
3．都市に定住する農民。
4．〝八〇后〞、〝九〇后〞の新世代農民工。

という四種類の農民がいるとして、それぞれに対してきめ細かい対策を取ることを求めている。その観点からのアプローチが上記の「都市と農村の一体化の推進」であり、換言すれば「発展した農村と都市との共存による一体化の模

索」ということになる。

この間の状況をデータ面から観察すると、二〇〇〇～二〇一〇年の一〇年間では、全国都市建設面積は六〇%余り増加し、一人当たりの建設用地は一三三㎡と、国の限度規定を三〇%オーバーしている。ちなみに大都市市街地区は九五・八%増、県以下の町でも五〇・九%増になっている。

これに対し、二〇一二年農民工総数は、国家統計局のサンプル調査によると、前年比九八三万人増で、その内訳は外地への出稼ぎ農民工が一億六三三六万人（四七三万人、三%増）、地元内農民工は九九二五万人（五一〇万人、五・四%増）、省外への出稼ぎは減少傾向にあり、地級市[7]すなわち地元での労働が前年比で一ポイント増加している。こういった農民工の社会保障面について(52)は以下の数値を列挙している（二〇一二年全国農民工監測調査報告）。

1．二〇一二年農民工保険参加率

年金一四・三%　労災保険二四・〇%　医療保険一六・九%　失業保険八・四%　出産保険六・一%

2．二〇一二年労働契約産業別未契約率

建築業七五・一%　製造業四八・八%　サービス業六〇・八%　宿泊飲食業六二・四%　卸売小売業五九・九%

一目瞭然だが、いずれの保険もその加入率は極めて低く、また、政府の督促にもかかわらず、企業側の労働契約率もはかばかしくない。なお、社会保険は個人の負担が給料の一二%で、企業の負担は三一%に達する。もし全て加入したら、雇用側と本人負担の額は平均年間一人八一八四元にもなる。

また、(52)は農民工の境遇を紹介するために、具体的にある農民工の生活も紹介している。それによると、月額収入は四〇〇〇元余り。二人の子供の寄宿費が一八〇〇元で、補習班の費用が四〇〇元余り、家賃の三〇〇元余りを除くと残り一五〇〇元で生活することになる。

「収入四〇〇〇元余り」は平均的だが、これでは確かに苦しい。家賃と言えば住居の問題も深刻で、各地で農民凍死事件が相次いでおり、二〇一三年二月に国務院常務会議は「年末までに地級以上の都市は条件をクリアした外来労働者を現地の住宅保証の範囲内に組み込むように」との指令を発している。

二、都市化：これまでの問題点の分析

ここでは、原則として、各記事や評論（○番号は末尾の出典検索番号）を時系列で分析し、議論の進展状況を観察する。

①は政府の行政権力主導による〝造城〟運動が生んだ弊害を指摘し、「小村合併→大村→合併→都市」による業績づくりと、それによって農民が無理やり〝被上楼〟（マンションに追い上げられる）こと、また、産業を育成することより規模拡大が優先した結果、同質競争に陥り、就職難も生んでいる、と分析する。

②は急速に進む「空間の都市化」の中で「人の都市化」が停滞し、「半都市化」〝非农非市〟（農村でも都市でもない）に陥っている例として〝城中村〟（都市の中に取り残された農村）の存在を挙げる。これは「都市による消化不良であり、土地権・戸籍・行政管理方式は農村スタイルのままだ」と指摘、例として、自身の管轄する雲南省昆明市盤竜区には七六の〝城中村〟が存在する、と紹介、城中村を解消することで、

1．下水道・汚水処理などのネットワーク整備が可能。

2．学校・病院など公共サービス設備の建設用地確保が可能。

3．サービス業などの工業パークの建設が可能。

だとする。その一方で、取り壊しは農民の最後の受益チャンスでもある、ともしながら、「それには九〇％以上の住民の同意確保が必要」と説明する。記事執筆者が現地行政府の書記であることを考えると、これには不安も付きまと

う。つまり一〇%以下の移転反対者は無視してよいのか、という意見が当然出てくるだろう。この点については記事執筆者も「引っ越し・取り壊し」の手順、〝信访机制〟（「訴え・通報・処分」といった住民の意見を反映するシステム）の整備に言及している。

また「受益」の結果による土地成金の弊害（高級車の購入、高利貸の開業、投機など）による転落がかえって「人の都市化」の停滞を生む、との指摘は注目に値する。

③はやはり「半都市化」を取り上げ、総合的に分析して様々な〝两难〟（対立）を指摘する。

1．「若い農民工の都会在住願望」対「子女教育・医療・老後の不安」

2．「安すぎる農産物価格による農民の低収入」対「価格の上昇が都会の生活を直撃」

3．「都市建設の土地需要と価格高騰が経済成長と財政収入に貢献」対「耕地不足で食糧政策が危機に」

4．「不動産業の発展が経済成長を推進、住宅需要が消費拡大に」対「住宅価格の高騰が住民の不満に。取り壊しで暴動も」

このうち、1、2、4は都会で生活する人々に直結する問題であり、社会保障にかかわる問題と経済的な側面が含まれている。⑰はこの点を「戸籍取得難」「住宅難」「診察難」「子女入学難（二〇%の子女が全日制公立小中学校に入学できない）」と表現している。3は土地に関わる問題で、これについては⑨も、地方経済の発展が食糧生産の低下と生態環境の破壊をもたらしており、一方、食糧生産と生態環境の保全を図れば地方経済の停滞を招く、といった対立を指摘している。

⑤は半都市化を「都市化はすれども農民は締め出し」といった側面から鋭く分析し、以下の問題点を指摘する。

1．「土地はいるけど人はいらない」政策。(8)

2．良田を取り上げ、やせた土地を提供。

3．農村を脇へ追いやり、農民を無理やり都市化。
そして、農民の声をこう紹介する。

「仕事がなく収入がなくて、それで新居に移ってどうするんだ！」

「どこに住むか、都市に移住するかは農民の自由だろう！」

農民工の住居問題について㊱は、二〇一二年時点で集団宿舎暮らしが五二％と過半数で、都市の住宅を確保しているものは〇・七％にすぎないと指摘している。

この点を㉑はこう表現する。

農民工〝就业在城市、户籍在农村・劳力在城市、家属在农村〟

「職は都市に、戸籍は農村に、労働力は都市に、家族は農村に」

〝收入在城市、积累在农村・生活在城市、根基在农村〟

「収入は都市に、蓄積は農村に、生活は都市に、根っこは農村に」

その結果、農民は周期的な〝钟摆式・候鸟型〟（振り子式・渡り鳥式）流動をせざるを得なくなっている、と言う。
㉞は〝城进农退〟（都市が進出し農村が退く）式都市化の弊害を「自然・農村・弱者に不親切だ」と表現し、住宅・交通・環境・就業・安全・衛生といったいわゆる「都市病」に対し、都市に対する失望・恨み・懐疑・嫌悪・敵視といった「都市文化病」の存在を指摘する。
こういった点を踏まえ、⑤は〝量力而行，不能超前〟、すなわち「その土地の経済発展レベルに応じた実力相応の都市化を行い、先を急がないこと」が必要で、「戸籍を変えるだけでは不十分であり、職と住居と社会保障を」と提案する。また、㉕は農民工に対する差別として、〝同工不同酬、同工不同时、同工不同收〟（同じ仕事をしているのに、給与や労働時間が異なる）を挙げている。

⑧は土地の都市化が人口の都市化より早い原因として、現在の中国では工業化のスピードに都市化がついていっていない状況を挙げ、これが内需拡大を制約する要素にもなっている、と指摘する。

⑬は、都市化人口はまだあと三億人増えることを指摘、「家や道路や摩天楼をたくさん作るのが都市化ではない」として、「都市化は誰のためにあるのか」と、都市の建築設計という観点から以下の諸点を指摘する。

1．ハードが多く、公共サービスが少ない。

2．地上の建築を重視し、地下のインフラを軽視したため、大雨ですぐ冠水。

3．建設プランを指導者が恣意的に立案。指導者が替わるとプランも根こそぎ変更。

4．住民の生活の便を無視した建設。

5．産業基盤がなく、「空城の計」に。

このうち、1、4は生活に直結した問題、5は職に関わる問題であり、3は官の横暴に関する指摘である。2は最近の都市災害に関わる設計上の問題で、これについては⑥も、「スピードを追ったツケが冠水や道路の陥没、水の汚染といった問題を引き起こしている」と指摘する。

この⑬では、問題となったいくつかの事例を列挙している。

1．年収わずか四億元の四川省武県が四五億元で「東方のドバイ」を作った。

2．年収五〇億元の都市が一〇〇〇億元で古城を作った。

3．ある都市は市を明王朝時代に改造中。

4．西部の水不足の都市が二六の人造湖を造った。最大の湖は一〇平方キロも。

5．北部のあるニュータウンは数億元の体育施設が野ざらし、数十億元の人工観光スポットは取り壊しに。

また、こうした状況を数値からも立証し、都市の維持能力を無視した建設の結果として以下の五点を指摘する。

1．全国六六五都市の内四〇〇近くが水不足。その内二〇〇都市は極度の水不足。
2．産業がないため〝睡城現象〟（休眠現象）が起きている。
3．交通インフラが未整備のため、居住地域と勤務場所との交通渋滞が深刻化。
4．都市化を口実に土地代金で収入を図ることで土地関係の暴動が多発。
5．環境の悪化。
〝逢山开山、逢水填塘、逢海填海〟（山は切り開き、湖沼や海は埋め立てる）
—全国九〇％以上の都市の上水道が深刻な汚染に。
—「ゴミが都市を包囲」。都市生活ゴミは毎年八～一〇％増加しているが、ゴミ処理率は五〇％で、うち無害化処理は一〇％。残りは埋め立て。

このうち、1、3、5は生活に直結する問題、2は都市建設のコンセプトや政策に関わる問題、4は土地に関する問題である。

生活に直結する問題については、⑳も〝以人为本〟に背離した都市化の現状として、
1．産業の発展と都市化の非協調が〝厌城〟〝睡城〟〝空城〟を生んでいる。
2．人口の過度の集中と社会サービスの不足がアンバランスを生んでいる。
3．防災、防犯などの欠如が生活リスクの増大を生んでいる。
4．制度の欠陥が住民間の亀裂と不平等を生んでいる。
5．低レベルの都市生活が幸福感の欠如を生んでいる。
と指摘している。

㉗は都市化が一ポイント上がるごとに生じる資源や環境への負荷として、石炭四四三六万トン、鉄鋼一〇九三万ト

ン、セメント三〇六一万トン、生活汚水二一億トン、生活ゴミ五二七万トン、CO_2三八一四万トンと試算する。⑬の評論はさらに財政問題に切り込んでいる。それによると、地方財政が土地収入に依存するには以下の二つの条件が必要になる。

1．住宅価格の持続的上昇による土地価格の持続的上昇。

2．用地規模の持続的拡大と銀行融資の持続による低価格での土地の取得。

こうした条件への依存度は二〇〇一年の九・一％が二〇〇九年には三〇・八％に膨れ上がっている。しかし、今後を展望すると、まず、数年後には都市での住宅の需給関係が均衡し、また、国の規制も強化される。現実に二〇一二年上半期の全国の土地譲渡による収入は前年同期比で三〇％余りも減少した。記事執筆者は土地問題に関して次のように疑問を投げかける。

「中国の平原面積は国土の一二％で、一人当たり面積はアメリカ人の三・七％しかない。それなのにこれまで都市建設に国土の二〇％を費やし、一定の経済発展に占める土地の占有率は日本の八倍に達し、今後必要な用地はなお数億ムーに達する。また、過熱した都市建設ブームは鉄鋼・セメントなどの深刻な生産能力過剰問題をも生じさせている」

二〇〇〇～二〇一〇年に見る都市建設面積のアンバランスとして、⑩は、全国都市人口が四五・九％増だったのに対し、都市建設面積は七九％増で、都市人口増の一・七倍にもなっている、と指摘している。

⑭は都市化が工業化に比べ停滞している問題をさらに掘り下げ、その原因を行政側の責任として追及する。すなわち「都市化の遅れが内需拡大、産業構造の調整、工業化・情報化のボトルネックになり、製造業・サービス業の発展環境を制約、企業の地代・家賃・人件費などをアップさせ、〝招工难、招工贵〟（労働力不足と人件費の上昇）を招き、機械化を促進して労働力需要を低下させ、就業難に陥っている」と説く。また、「住宅・自動車の取得制限も消費需要減につながっている」と指摘、現状の問題として、

1．長期プランが欠如し、業績重視で近視眼的、行き当たりばったりに。
2．地方政府の公共サービス能力、社会管理能力の欠如が戸籍制度改革の遅れに。
の二点を挙げている。

この2について㉕は例を挙げて説明する。深圳は戸籍人口は二八〇万人だが、常住人口は一二〇〇万人、実際管理人口は一五〇〇万人にも達する。なかなか管理に手が回らない。東莞市虎門鎮では人口一〇〇万人に対し幹部は八〇人ほど、補助職員がその数倍といったありさまだ。
⑯は生態の視点から専門的な分析を加えている。まず、現在の都市化における生態面から見た問題点を［都市生態の多色効果］として象徴的に表現する。
灰色：大気汚染の霾　黄色：交通渋滞の排気ガス　赤色：ヒートアイランド現象
緑色：富栄養化による藻の異常発生　白色：砕石とビニールゴミの汚染
その上で解決すべき困難として、
1．縦割り行政　2．法律の不備　3．業績主義・人事異動による持続性の欠如　4．生態インセンティブメカニズムの不健全　5．生態資産の統一管理の欠如　6．生態インフラへの資金投入の不足　7．情報のフィードバックと生態保障メカニズムの欠如　8．生態建設の人材不足と育成システムの不健全　9．生態科学技術への資金投入不足　10．生態科学技術レベルの低さを挙げている。10を除くと他は全て行政側の怠慢を指摘している。
さらにその上で、土地の集約化・効率化に「土地の四大機能」が生かされていない、と主張する。

「土地の四大機能」1．生物体生産機能
2．都市・農村環境の調節・浄化・緩衝・循環機能
3．農民の基本的生計機能の維持

4．都市の社会経済発展とインフラ建設の空間的要求を下支えこれが生かされない原因は、結局はチェック機能の欠落であり、「量を重視し、質を軽視した結果だ」と断じている。

⑲は現在直面している最大の矛盾を〝双軌制〟（二本のレール）として捉える。③の〝两难〟と似た視点である。

1．「大企業中心」対「小城鎮の発展に有利な中小企業に融資が届かない[9]」

2．「貯蓄・投資比率が高い」対「消費が喚起されにくい」

その結果、雇用は増えず、収入格差が増大している、と言う。

㉑は都市化の落とし穴として、防ぐべき〝五防〟を挙げる。

1．都市があっても産業がない（ラテンアメリカの落とし穴）。

2．速度は早くても質が伴わない。

3．過度の集中とインフラ不足という大都市病。

4．半都市化。

5．不動産化－住宅価格の高額化で消費にカネが回らない。

ただ、これらはいずれもその時点までの論議のまとめで、特に新味があるわけではない。

㉓は都市の発展方式が非常に粗雑である、という視点で、⑬と類似する。

1．建設用地一㎡当たりの生産額が低い、つまり効率が悪い。香港一四億元、シンガポール一八億元に対し、深圳でも四億元にしかならない。都市における建設用地を見ても、国際基準ではその都市の総面積の三〇％だが、中国の大都市は五〇％近い。

2．都市のイメージを重視し、人口の移転を軽視している。

3．新市街地区建設を重視し、旧市街や外来人口居住区を軽視している。

4．インフラ整備計画が行き当たりばったりで非科学的。交通渋滞がひどい。

ここで指摘されているのもやはり、土地使用の問題、「人の都市化」の軽視、行政の計画プランの杜撰さだ。その上で、都市化がもたらした三つの不調和として、

1．立ち退き問題

2．〝三留守〟問題（留守児童・留守老人・留守女性）

3．文化遺産の破壊と喪失。伝統的な村の消失

を挙げる。

2の農民工の家族問題について㉝は「二〇一一年時点で全国留守児童数は五八〇〇万人、農民工が帯同する都市流入家族は四〇〇〇万人に達する」とした上で、「都市の低賃金＋リスクのない農村土地資産＝社会のバランス」という方程式がすでに崩壊しつつあることを示唆する。[10] 3の文化・伝統への言及も注目される。

㊴は、ここでは「地方の都市化は農村をなくすのが目的になっている」と踏み込んで指摘する。「土地提供の代償は六階建て以上のマンションの一〇〇〜一二〇平方メートルの住居だけで、〝洗脚上楼〟（金額補償がない）場合も多い。中国は世界の七％の土地で二〇％の人口を養い、三五％の窒素肥料と七〇％の使用可能な水源を使用しており、化学肥料と農薬の使用量は欧米の二〜三倍にもなる。それをさらに潰してどうするのだ」と嘆く。

㊹は⑬が切り込んだ財政問題についてさらに論を進め、「都市化の推進は決して一部の地方の盲目的投資、過度の負債の口実や隠れ蓑になってはならない」と主張する。

二〇一二年の銀行間債券市場都市建設投資債累計額は六三六七・九億元で、前年比三八〇五・九億元、一四八％増加している。金利も七％以下と銀行より低いことから地方政府のインフラ投資熱を支える地方政府の新しい財源になっている。しかし、今後、住宅市場の規制により土地価格の低迷が続くと担保力が落ちるし、さらに、インフラの急速

な改善でプロジェクトの収益能力も低下する。ただ、融資期限が比較的長いため、次の政府に繰り延べされる場合が多く責任逃れが心配だ、とも指摘する。

これに関連し㊿は、県域の都市化と三農問題(11)解決の主な融資ネックとして、以下の三点を指摘する。

1．金融サービスが県域・三農と遊離している。

2．企業資本の蓄積が少なく、信用レベルが低く、金融市場とドッキングできていない。

3．県政府の可処分財力が少ないのに任務が重すぎる。

67はこれまでの都市化の問題点を再度整理し、以下の五点を挙げている。

1．土地の利用効率の低さ

—中国国内では利用効率が高い上海でも、ニューヨークの二九分の一、香港の一四分の一だ。

—土地の都市化が人口の都市化より早い。

—開発強度の行き過ぎ。ロンドン二三・七％、東京二九・四％に対し、上海・深圳は五〇％。

2．制約が多い産業政策

—参入が不平等で、〝玻璃门〟〝弹簧门〟〝天花板〟などと呼ばれる参入障壁が存在する。

3．投資システムの不健全

—地方の投融資が国の統一プランに入っていない。

—政策性金融と商業性金融の区別が不明確。

—直接融資のルートが限られており、貸付支持政策や銀行監督管理政策が都市化建設の資金需要・建設周期・投資リスクの抑制などとマッチしていない。

—一部の地方政府は融資の受け皿を過度に利用して都市建設を行い、かなりの不良債務を抱えている。

4．公共サービスシステムの弱体
―戸籍と一体となり、都市と農村の公共サービスが分割されている。

5．都市病の早すぎる出現

〝重面子軽里子〟〝重地上軽地下〟〝重硬件軽軟件〟〝重短期軽長期〟（メンツを重んじ内実を軽んじ、地上を重んじ地下を軽んじ、ハードを重んじソフトを軽んじ、短期を重んじ長期を軽んじる）ことで都市機能が不完全でアンバランスになり、交通渋滞、エネルギーと水の不足、環境汚染、生態空間の不足などを惹き起こしている。

㊾の評論も土地問題を追及する。

まず、第一次産業について全生産額に占める割合が改革開放開始時の三〇％から二〇一二年には一〇％まで減少し、就業比率も七〇％から三四％に下がったことを指摘した後、都市用地規模増加弾性係数（用地増加率÷人口増加率）が、世界公認の合理的限度一・一二に対し、一・三六～二・三〇に達していること、東部に比べ中部西部が突出し、人口拡張速度の三～五倍にもなっていることを指摘している。

また、東京は居住地五八・二％に対し工業用地は一〇％に過ぎないが、中国の場合、工業用地に偏重し、住宅・商用・公共用地が少なく、資源配置が不合理であり、また、「土地に頼った資金の捻出は土地バブルが崩壊したら金融危機を招く」と警告している。

⑳は⑯が行政の怠慢を厳しく批判したのに続き、行政責任をさらに追及している。中国では六五五都市が世界を目指し、一八三都市が国際的大都市建設を目論んでいるが、ほとんどが下水道さえ完備しておらず、大雨が降れば海になってしまう。その原因は「中国の都市建設が、長官の意志と、ろくに論証・研究もしない突貫工事で行われるからで、人治と主観的意志と非科学的論証の産物であり、官僚主義・形式主義・浪費の象徴だ」とする。

そして、都市計画がくるくる変わるその原因は以下の五点にあると総括している。

1．部門至上主義・官僚主義・業績要求と長官の意志。
2．都市発展規律を把握する力の不足。
3．計画の科学性の欠如と上司への迎合・諂い。
4．業績主義と利益の誘惑。
5．計画策定までの民主的プロセスの欠如。

㉜の論では土地問題を行政の問題とリンクさせて掘り下げ、「土地は農民の衣食の拠り所、生存の本で、農民の心の拠り所、ふるさとである」との見解を基本に据えて、土地徴用保障制度には完全補償・不完全補償・部分補償の三種類があるが、中国の補償制度は、
1．基準が低すぎる　2．保障項目が不十分　3．利益分配が不合理　4．補償方式が単一であり、地上の付属物や作物が保障項目に含まれておらず、土地債券の発行、株主としての経営参画、代替地の提供など多様な補償方式も必要、との見解を示した。

㊱は行政の問題を異なる角度から分析している。すなわち「一九九四年の分税制実施以来、財政権と事業権が不整合になり、〝中央请客，地方买单〟（財布の紐は中央がしっかり握り、実際にやるのは地方）だが、その地方には金がない、という状況になっていた。一九九四年に定めた現行の分税比率は県までで、それ以下は不明確のままであり、要するに〝讨价还价〟（値段交渉的駆け引き）に頼っている」と分析し、「財務体制改革が不可欠だ」と主張する。その上で、「小政府大市場」は間違いで、「有効市場、有効政府」でなければならない、換言すれば、「市場（見えざる手）と政府（見える手）それぞれが自分でできることをしっかりやる、ということだ」と説く。「すでに土地に頼った財政は限界に近づき、地方債務の六〇％、所によっては八〇％が銀行からの債務で、返せなければ不良債務になる」とも。

㊴は「都市化が不動産に拉致されている」という辛辣な言葉で行政府の責任を追及する。

―〝房奴〟〝房姐〟〝房叔〟といった不動産に踊らされる人たち
―〝空城〟〝鬼城〟といった幽霊都市の出現
―〝土地城镇化〟（土地シティ）、〝水泥城镇化〟（セメントシティ）：人を無視した都市化

これらは行政の責任であり、二〇一二年には政府側統計でさえ、「政府と銀行の不動産収入が四億七九一七万元に達し、不動産販売総額六億四〇〇〇万元の七五％、土地譲渡金の四〇％を占めている」ことを明らかにしており、「不動産は行政の〝二財政〟（第二財源）、〝提款机〟（ＡＴＭ）、所によっては〝主財政〟（主要財源）、〝揺銭树〟（金のなる木）になっている」と弾劾している。

さらに地方政府は今後〝一房四吃〟（一つの不動産で四回分け前にあずかる）を目論んでいると指摘する。〝四吃〟とは以下の四点である。

1．土地譲渡金　2．住宅転売所得税の二〇％　3．不動産税　4．遺産相続税

(81)は多くの文化遺産が破壊されている現状を憂え、六カ所の事例を紹介、一方で、ある学者の統計では、去年、全国で少なくとも三〇都市が巨費を投じて旧市街を再建していることを明らかにし、その五例を紹介している。

以上の論点を総括すると、まず、中国の都市化のプロセスを欧米などと比較し、発展段階における位置づけとその特徴や問題点が論じられている。

その上で、現在生じている諸問題を様々な角度から論じているが、その最大のテーマは、「半都市化」すなわち「土地による都市化」が「人の都市化」を遥かに凌駕している点で、なかでも農民工に対する待遇問題が都市化の象徴的問題としてクローズアップされている。

農民工の市民化問題はさらに、農村がどうあるべきか、という問題と直結し、都市化による農村の土地喪失と農民

の流民化が取り上げられ、一方でこれの解決策としての〝小城镇化〟とそれによる都市と農村の有機的結合へと議論が進み、その功罪が論じられ、また、こういった農村の危機的現状を現出した行政への責任追及も時間の経過とともに厳しさを増していく。

農民工の市民化問題では、その家族の問題、都市側の受け入れ体制の不備も抉り出されている。さらに、大都市や小城鎮を問わず、彼らを定着させるための産業の育成、特に民間中小企業の育成が追いついていないことによる都市化の落とし穴も指摘されている。

彼らを受け入れる都市の環境・インフラ整備の遅れや欠陥にも鋭い目が向けられ、長官の恣意による都市計画、ハコモノ行政など行政の責任がここでも厳しく追及されている。

都市化を支える財政スキームについては、まず最初は土地を使った錬金術などの問題点の指摘から出発し、その後次第に今後の対応措置につながる議論へと深まっていった。

また、議論が進むにつれ、生態の維持や文化財保護など、都市の持つべき他の要素にも徐々に目が向けられ、注目が集まるようになったことは大きな進歩と言えよう。

次章では、こうした問題点の指摘とその分析を経て、今後へ向けた如何なる提言がなされているのかを紹介する。第二章では、議論の深化をトレースできるよう時系列でまとめたが、第三章ではテーマ別に紹介し分析する。

三、都市化‥今後へ向けた提言

まず最初に包括的な提言を概観し、その後にテーマ別の議論や提言を取り上げる。

（一）総括的な提言

㉛は中国の集落の等級をまず説明する。

特大都市－大都市－中都市－小都市－県城－建制鎮－中心集鎮－一般集鎮－中心村－自然村

その上で「一部先進国ではすでに逆都市化現象さえある」として、「新型城鎮化は単に農村人口を都市に転移するだけではなく、都市と農村の集落体系を全面的に整合させ、大小・機能・環境の異なる各種集落を統一され調和した形に持っていくものだ」と説く。

①は今後の中国の都市化のあり方について以下の四点を挙げる。

1．都市と農村が結合した発展。都市化の推進と新農村建設の推進

－大中都市、小都市、広範な農村の協調的発展

2．農村土地制度改革

－耕地の生産能力向上と都市建設用地の確保

－農民の収入確保：土地で住宅を、地代で保障を

3．工業と農業のバランスのとれた発展

4．省エネ・環境保護・低炭素社会

①はさらに、上記を実現する前提として、農民工と市民を平等に扱い、農民工の〝城市梦〟〝创业梦〟〝安居梦〟（都市の夢、創業の夢、安定した暮らしの夢）を実現させること、都市化の裏付けとしての税制改革で地方政府に都市化の安定財源を確保することを提案している。

⑫は〝以人为本的城镇化〟（人に優しい都市化）としての四つの特徴を挙げる。

1．バランスのとれた発展。経済発展が唯一の目的ではない

―経済・政治・文化・社会・生態などの全面的な発展
―各地域・各産業・各クラスター、特に都市と農村の協調的発展
2. 集約と高効率。人と都市と環境の調和した発展：土地・資源・生態環境
3. 文化的活力：「都市は人の都市」「文化と個性の体現」
4. 公平
さらに⑫は〝以人为本的城镇化〟の四つの重点として以下の四点を挙げる。
1. 経済成長の内的パワーの育成。
―重大な方針決定に学者専門家、人民大衆の幅広い意見を取り込む。
―科学的システムによる幹部の評価とチェック。
2. 再都市化戦略の実施→すでに都市化した地域の質の向上による第二次都市化。
〝宜居宜业宜商〟〝幸福都市〟の建設。戸籍制度改革。
3. 都市群の発展、強化。
大都市を拠り所に、中小都市を重点に、輻射作用の強い都市群を。
4. 都市と農村の発展の一体化
〝以工促农、以城带乡、工农互惠、城乡一体〟
その上で、以下の点を強調する。
1. 質の都市化。すなわち従来の都市化が規模の拡大を重視した粗放型だったのに対し、「産業による支え・住環境・社会保障・成果様式」による集約型へ転換すること。
2. 画一化から〝因地制宜〟すなわち地域特色型へ転換し、地域発展全体戦略と主体機能区戦略(12)の結合を図る。

3．歴史的文脈の伝承と人文環境の改善により、従来の「千城一面」「ファストフード式工業化・商業化・現代化」を脱却、都市の個性と品位を尊重する。

③も「都市と農村の結合、二元構造の打破が発展の新しいテーマ」と指摘した上で、「工業化・都市化・市場化はすでに中国社会の変化を牽引する三台の馬車である」と述べ、解決方法として以下の二点を挙げる。

1．条件を満たした農民工のその都市での定住の促進

2．内地への産業の誘導。小中都市での雇用の創出

⑨は工業化、都市化、農業の近代化を〝三化〟として捉え、〝新型都市化〟を「都市と農村の結合・一体化を中心に、産業と都市の融合、集約と節約、快適な住まい、調和のとれた発展を主な特徴とし、大中小都市、小城鎮（町）、新型農村社区（地域社会）が相互に促進し合い協調して発展するプロセス」と定義する。

㉗は新都市化に必要な三つのバランスとして以下の三点を挙げる。

1．都市化と食糧の安全保障

2．都市化と資源（土地・鉱物資源・エネルギー資源）のサポート
都市住民の生活エネルギー使用量は農民の一・八三倍

3．都市化と環境保護

⑫は新型都市化の持つ五つの意義として、「半都市化」の是正、「人の都市化」という観点から以下の五点を挙げる。

1．農業余剰労働力の都市への転移

2．これらの人員に対する住居・職・生活の保障

3．都市の工商業発展で農村と農業を育成

4．都市と農村の相互補完による協調発展

5．都市と農村住民の公共サービスの均等化

㉑は新都市化の内容として以下の六点を挙げる。

1．地方政府による人流・物流・資本流・情報流の集中による産業基盤の形成。
2．都市化における民間資本と民営経済の役割を重視。
3．民営経済と草の根経済の発展。
4．減税・費用軽減による起業環境の整備。
5．金融制度の革新、農民の土地使用権を抵当とした資金調達を可能に。
6．戸籍制度の改革：戸籍上での都市住民と農民の差別待遇項目は六七項目。

また、新都市化五つの改革として「戸籍制度」「土地制度」「財政金融体制」「公共サービス制度」「県市管理体制」を挙げ、これらによって、〝幸福城市〟〝智慧城市〟〝和諧城市〟の建設が可能だ、とする。

さらに、都市化には「都市化」と「農村の小城鎮（小都市）化」の二つの路線の併走が必要だとし、都市群の発展と県都の発展による農村の小都市化の推進を説く。

㊼は新型城鎮化推進の重点に以下の諸点を挙げる。

1．総合計画の策定

地域の資源・産業配置・生態環境・交通運輸などの要素を総合的に考慮し、計画を全体的に捉え、都市群・大中小都市・中心郷鎮の発展計画を段階的に策定。市場メカニズムを最大限に発揮。

2．土地制度と戸籍制度の二つの重要な制度改革を。

3．第一～三次産業政策を健全に

第一次産業：〝強农惠农富农〟政策を強力に推進。農業の産業化と大規模化。

現代的農業産業システムと企業化経営モデルの確立。
第二次産業：各産業を全面的に開放。行政独占分野の改革の推進。工業パーク化、工業の集積化、都市の緑色発展の推進。
第三次産業：税制改革とセットにサービス業の発展を図る。養老サービスなどの発展。
4．四つの主要投融資システムの構築
—財政資金・貸付資金・金融機構システム化建設・国有資産貨幣化を有機的に結合。
—村鎮銀行の発展など農村金融機構の整備。
5．五つの公共政策を完全に。
—労働就業・教育・医療衛生・社会保障・保障性住宅
⑬は、都市化のレベルが高いほどいいのではない、都市化が速いほどいいのではない、として、〈全国主体機能区プランと地域発展総合戦略〉の配置の下に、
1．東中西部の人口分布状況と変化の趨勢　2．資源環境引き受け能力
3．資源の効果的配置　4．住みやすい都市と農村
5．歴史文化の継承　6．持続可能な発展
に基づき都市化と都市農村発展一体化戦略的プランを制定し、大都市の部分的機能を合理的に分散するよう主張する。
⑩は中国の都市化の目標として三本のレッドラインを提示する。
1．二〇二〇年に六五％を下回らない程度に。（二〇一二年：日本六七％、アメリカ八二％）
高すぎる都市化率では都市問題が深刻化。丘陵が多く農耕国家の中国は都市化率を低めに保つべきだ。中国は七〇％の都市化率で一二〇億㎡の住宅地が必要になるが、一方で耕地は一八億ムー確保する必要がある。

2．毎年の増加速度は二・五％以下に。

一九九〇～二〇〇九年都市化率五〇％以上の国の増加速度は、アルジェリアを除いて二・六％以下。

3．人口一〇〇万以上の都市の人口は都市の総人口の四〇％以下に。

最大都市の用水人口は流動人口も含め二五〇〇万人以下に。

その上で、国は都市建設の指標体系を構築し、ロードマップとタイムテーブルの作成を行うべきだ、と主張する。

産業発展ロードマップの整備－投資・原料・人材の集中による先端技術開発

文化発展ロードマップの整備－伝統文化の保護と文化発展における特色の重視

生態建設ロードマップの整備－水と緑地と汚水と排気ガス

また、都市化の推進には三者の参画が不可欠とし、それぞれの役割を示している。

政府：都市化の主導－基本設計、法規、全体プラン、ロードマップ、タイムテーブル、資金、協調と管理。

企業：都市化の主体（市場規則で運営）－多様な投資ルート、全体プラン策定に参画、資源と環境引き受け能力の評価、公共設備を利用した生産効率の向上と利潤の獲得、最低賃金と福利の保証、産業のグレードアップとイノベーション。

住民：都市化の基盤。市民になるかどうかの自由選択、自己素質の向上、公聴会などへの参画、誠実な労働と納税、合法的方法で自己の権益を獲得。

⑥は地域に応じた視点から都市化の在り方を考える。具体的には、東部・西部など地域に応じた都市化である。

東部：都市化率六〇％弱。都市化の安定発展期へ。

1．世界的都市の建設。産業分野での国際的な分業。

（長江デルタ・珠江デルタ・環渤海湾地域）

2．都市空間拡大境界ラインを設定、土地を効率的に活用。
3．都市と農村の結合、融和の実現。新農村建設による〝三农〟問題の解決。
4．都市で暮らす全てのクラスターを網羅した各種保障制度の整備。
西部：都市化の加速期へ
1．耕地確保・生態保護が最大任務。
2．薄弱な都市インフラの拡充。
西部地区ではスピードを追わないようにし、
1．重点を決める。総花的を避ける。
2．各都市に特色を。独特の自然と文化を大事に。
3．まず、試行を。都市化・工業化に呼応した体制やシステムの整備を。
と注意を喚起する。

㊼は地域の問題を都市群形成の観点から地域の一体化と協同発展の模索と捉え、「すでに共通の認識になっており、関連政策も続々出現している」と指摘する。しかし、一方で問題もある。
1．長江デルタ各都市群：同一省のため協力がしやすい。
2．環渤海湾各都市群：複数に跨るため、表面協力、陰では暗闘。
3．水や大気の汚染など省を超える問題にどう対応するか。
○都市群ごとに文化都市群を形成することが都市運の命運に関わる。
例：北方文化－京津冀都市群／嶺南文化－珠江デルタ都市群／江南文化－長江デルタ都市群
㊽も都市群をテーマにしている。

「京津冀都市、長江デルタ都市群、珠江デルタ都市群、成渝都市群の四大都市群を主要な支点に、二〇余りの都市群を結節点とした準菱形空間戦略の構築。

1. 四大都市群：GDP一兆元以上、常住人口五〇〇〇万人以上
2. その他一二の潜在都市群

㊳は今後の中国の都市化の注意点として、アメリカのデトロイト、イギリスのマンチェスター、リバプールなどに見られるような「都市の収縮」に対する注意を喚起し、その原因として以下の三点を挙げる。

1. 脱工業化。製造業の不振による雇用の減少と空洞化
2. 郊外化：中心地区の空洞化
3. 政治経済体制のモデルチェンジ。例：ソ連と東欧の崩壊の影響

⑲は新型城鎮化を「都市に住む」イコール「都市で幸せになること」だとし、

1. 人の自由な流動―戸籍制度の改革
2. 産業の高度な融合の促進
3. 幅広いサービスの提供―三系統（人文・産業社会・情報知識）

を掲げ、都市化は、「産業の支え・住居環境の整備・社会保障の下、生活スタイルを都市化することで、技術・技能・創意の三輪駆動による新しい経済形態の下で現代的な生態都市を建設することだ」と説く。

(二) 個別分野の提言

§1 農民工の市民化対策 【都市化の中心課題は農民の市民化である】

㉑は都市移転人口の三大特徴を提示する。

1．大量かつ広範囲であと一〇年はかかる。

2．高コスト。市民化には〝五件衣服〟（就職・教育・医療・住宅・老後）が必要だが、一人当たりの福利費用は都市と農村で三三万元の格差がある。今後二〇年で五億の農民が市民化するとして、一人当たりのコスト一〇万元、総額四〇～五〇兆元。

3．安定した雇用の確保。

㉕は雇用の確保について以下の五点を提示する。

1．ハイテク産業と労働集約型産業の双方の発展が必要

2．労働集約型産業を中西部の受け皿に。

3．公平で規則だった透明な市場参入基準で市場の活力を増強。

4．現代物流・農業産業化など現代サービス業の新分野の開拓。

5．職業教育の振興による農民の就業創業の促進。

そして、農村労働力が老齢後に農村へ戻れるようにすることは社会の安定に有利だが、二元構造が継続し労働力の質の向上を阻害し、土地の運用にも弊害がでる。したがって、農村人口が都市住民になるための完備したシステムの構築が必要だと補足する。

②は教育・訓練を充実させることで、第二、三次産業のニーズを満たすことができるが、その際、市民化速度を、教育・医療・社会保障などの充実に合わせることの必要性を説く。例えば、医療では、都市待遇・失地農民待遇・農村合作医療の併存が依然障害となっているからである。

㊹はこれに関連して、投資の重点を教育・医療・社会保障など公共生産品の領域へ置くことを提案する。その理由として、都市に流入した農民工は都市戸籍がないと通常四〇歳前後で退職し田舎へ帰るが、戸籍制度を改革し、社会

保障などを充実させれば、六〇歳まで働けて労働への参加率も高まり、潜在成長率も向上する、とする。

⑩は「都市化の重要な内容は農民を市民にすることである」との考えから、都会で暮らす二種類の農民に対する具体的な対策を提言する。

1．失地農民対策[13]

合理的な土地代金の取得／居住・生活状況の改善／生計の確立と職の提供

2．農民工対策

市民と同等の公共サービスの提供／戸籍制度改革の推進

⑰⑱はこの戸籍制度改革を中心に提言をしている。

まず、戸籍と福利が合一した社会管理制度の改革を提唱する。

1．居住証制度の全面的実施＝〝一证通〟。現地住民と同等の権利を享受する。

2．戸籍移動政策の段階的実施。

―県レベル以下は全面的に自由に。

―中都市では一層の緩和を。

―大都市では規制を維持しつつ、農民工に現地住民と同等の権利を。

注意：都市戸籍の取得と農村の土地の権利の法規は連動させず、農民の自由意思に。

―農民土地請負経営権を早期に明確に。

―農民宅地用益物権の内容と実現形式を明確に。

―法的効力を具えた農民土地請負経営権証書と宅地使用権証書を発行し、農民にそれらの土地への大幅な処置権を与える。

そして、農民土地請負経営権を明確にし、農民工請負地と宅地の流動・退出メカニズムを確立すること、子女の入学難に対しては〝异地中高考〟すなわち本籍地以外での受験を可能にするよう提案している。

㉔も戸籍問題を経済成長と絡めて論じている。戸籍による都市化率は、新興経済体諸国の平均都市化率四八・五％に対し中国三五％で、今後一〇年間平均一・二％増でも四七％だが、一〇年で二億人余りが増えれば、現有の一・六億人と合わせると四億人近くになる。その場合、農民一人の市民化に要する固定資産投資を一〇万元とすると、四億人で四〇兆元の投資需要となる。

一方、二〇一一年の都市住民と農村住民の一人当たり消費支出は三・三対一である。中堅所得層は現在二三％だが、年二ポイント増とすると二〇二〇年には四〇％、六億人となり、今後一〇年間は七～八％の経済成長が見込まれる、と言う。

その上で、戸籍問題解決の〝三歩走〟として、以下の提言をする。

1．一～二年以内に中小都市の戸籍制度自由化を。

2．三～五年以内に大都市・超大都市の戸籍のほぼ自由化を。

3．八年以内に都市戸籍と農村戸籍と暫定戸籍の居住証一本化を。

㊾は農民が都市に定着しにくい理由として、所得の〝三三制〟を指摘する。すなわち、生活支出、農村への仕送り、春節の帰省費用が各三分の一で消費への貢献が低い。完全に市民化すればかなりの部分が消費に回るし、配偶者・子女の同行はさらなる消費を喚起する。

㊳は都市流入農民に対する人格教育を論じている。すなわち、

1．農民は独立した主体的人格・法観念・社会的責任意識が未確立である。

2．農民は顔見知り社会のロジックで行動し、赤の他人との共生方法が未修得で、私徳を重んじ公徳を軽んじ、理

性的精神・契約観念・公共の精神が欠如している。
したがって、三つの統一、
1．主体権利的人格と社会責任的人格の統一
2．契約的人格と道徳的人格の統一
3．自由人格と一元的人格（国家や社会主義制度に対する合意）の統一が必要であり、そのために、1．政府の主導的役割の発揮、2．社会の活力の喚起、3．教育の場の設定、が欠かせない、と説く。

§2　都市設計　【市民化する農民を受け入れるには、それなりの都市の引き受け能力が必要になる】

⑩は資源節約の持続可能な都市化として以下の三点を提案する。
1．科学的プランで資源を節約。
土地の集約節約／建築容積率の引き上げ／地下空間の積極開発
—都市機能分割を適度に抑え、地域機能の総合性を重視。
居住地と勤務地と活動地を集中させることで、交通によるエネルギーや資源の浪費を抑制、都市の管理負荷を軽減させる。
2．技術の進歩で資源を節約。
3．情報化による資源の節約。デジタルネットワークによる都市管理。

⑬は李克強の「都市化とは単純な人口の増大や面積の拡張ではない。産業的基盤・居住環境・社会保障・生活様式などの面で農村から都市への転換を実現することだ」という言葉を拠り所に、具体的な庶民の要求を掲げる。すなわち、安い住まいを／商売のコストを低く／交通をスムーズに／医療や学校を便利に／老人や子供が大通りを安全に渡れる

ように／家の近くで買い物ができるように／昼間に青空を、夜に星を
その上で「経済発展の主体的パワーは市場であり、企業と庶民が富を創造する主体」であることを強調する。安い住まいと言えば住宅問題だ。
㉕は住宅問題の解決に以下の四点を提示する。
1．商品房の役割の確認。社会が必要とする労働で十分買えるように。
2．不動産の利潤を社会の平均的利潤率に。
3．国有企業に廉価な住宅建設の責任を負わせる。
4．不動産税を徴収し、累進課税に。
㊻は二種類の都市病（大気汚染と交通渋滞）克服の方法として、都市化の科学的発展のための総合的指標整備を提唱する。経済指標の他には、
民生指標：一人当たりの可処分所得、医療保険カバー率
人文指標：義務教育平均年限など
その他：インフラ・環境指標
例：水道天然ガスの普及率、生活ゴミ無害化処理率、汚水処理率、道路ネットワーク密度、医療用ベッド供給率、都市緑化率など。
例：地下の活用度。まず地下から。地下の各種配管配線の総合管理情報システムを。
§3　**都市運営の在り方【引き受け能力には運営能力も含まれる】**
④は河南省開封市での北大資源集団による運糧河プロジェクトの「資源の結合、産業と都市の融合、都市の運営」開発経験から都市運営の新モデルを提案したもので、政府が主導、市場が主体、社会が運営する多元化経営モデルの

下、市場が各類型の投資や建設に参画することで経済・社会・環境効果の統一的実現を目指す。⑦は内需総量の拡大と内需構造のバランスをともに実現するにはどうすべきか、という観点から、以下の提案をする。

1．都市加速度を〇・八～一・〇ポイントに減速、消費や投資の牽引効果レベルに相応させる。

2．『人』は都市化のスタートラインであり、ゴールライン」とのコンセプトから、人を大事にし、農民工の市民化と都市住民の公共サービスの向上により消費を喚起する。

3．都市の総合的な力の充実を図ることで、都市化の減速による投資の落ち込みをカバー。

⑮は「都市化率が一ポイント高まれば国民の消費を一二〇〇億元引き出せる」として、「質の高い都市化は要素をより一層市場化改革することによってのみ完成される」と主張する。

㊾は政府が姿勢を転換することが必要だと力説する。

「都市化を契機として、政府が命令し主導する都市化から転換し、都市化における市場の基本的役割を十分に発揮すべきである。それでこそ、経済のモデルチェンジと持続可能な発展の力の源になる」。これによれば「新型城鎮化を阻害するものは行政改革の遅れが発展についていけない現状であり、様々なサポートの欠如と管理の不十分が足枷になっている。したがって体制の改革、行政区画の見直しは不可避である」。

62も政府の役割を論じている。「世界で完全に自由放任な市場はないのであって、社会主義市場経済での都市化に政府の主導的役割は欠かせない」とし、「多くの論者の政府主導反対の理由は過去の地方政府主導の弊害によるものだ」と結論付ける。

その上で、政府主導は「財力はあるのか、能力があるのか」が問題だとして、土地による打ち出の小づちはもはや通用せず、「城鎮を発展させて財力を蓄積しなければならない」と説く。そのためには、

1．政府の職能の転換、規律の確立、活力の育成、環境の整備。
2．短期間の業績評価の是正。

が必要で、「政府の役割は発展の道筋を決め、プロジェクトを実施し、投資を行うことではない」「政府の役割は大衆の創業精神を貴び、即応して規則を整備し、市場規律に従い活力を喚起すること。ただし、市場が全てではないので、その欠陥を補う役割は必要」とする。

(64)は企業の役割を論じ、その果たすべき三つの役割を列挙する。

1．新型城鎮化のプランナー兼革新者。

産業計画・空間計画・制度プラン・地方政府の地域発展計画に対する総合的要求。

「産業計画を中心に空間配置・生態・社会サービス・スマートシティを統合し、職住のバランスを実現し、住みやすく働きやすくする」

2．新型城鎮化の資源整合者。

—新型城鎮化は産業・居住・商業・学習・レジャー娯楽など異なる機能の合理的配分が必要。

—新型城鎮化に関わる国内外の市場、企業と政府の資源、農民市民双方の利益産業内外のパワーの深い結合が必要。

—城鎮化を通した異なる社会資源の導入を政府と企業が合同で行う。

3．新型城鎮化は金融イノベーションの探索者。

—単一の資金源では無理。新しい金融ツールを使い、社会の資源を生かす。

—基金の発行や金融サービスの〝軽资产〟（管理経験、ブランド、顧客との関係、人的資本、開発能力などのソフト資産）モデルの展開。

§4　財政基盤【引き受け能力の確保には財政基盤が不可欠】

⑪は都市化を経済発展方式転換の中心に据えるために四つの体制改革を提言している。

1．財税政策：〝営改増〟[14]の推進でより多くの民間資本を都市化に。

2．財政投入の拡大は都市化が中進国の罠に陥らないためにも必要。

3．公共サービス監督システムの確立と闇操作の防止。

4．中央と地方の財力と権限の格差を是正し、地方の税体系の確立を図るなど。財税体制改革の加速よる公共サービスの均等化。

㉔は、市場経済下では一般に民間資本による投資が七〇%ほどであるが、中国は政府と国有企業が主であり、〝政策玻璃门〟〝利益玻璃门〟という目に見えない障壁が存在することを指摘、投資の内容としては、インフラ投資の拡大とともに、1．公益性項目への投資、2．消費供給能力アップへの投資[15]、を重視するよう提言している。

(75)は政府の投資に頼ってもネックは解消しない、として、詳細な金融政策を提案する。

○金融イノベーションで市場化の道を。

県域の資本化金融化のレベルを引き上げ、県域経済の資本と信用を増やし、資本を紐帯として資源や様々な要素を呼び集める。

○都市化建設基金と農業発展基金を発展させることが民間資本を吸収し融資ネックを打破する効果的手段である。

1．民間募集基金も投資の一種。

2．資本と経営の分離システムおよび投資リスク分散システムは融資ネック解消に有効。

3．政府の財政基金を主にし、適度な倍率で民間資本を吸収し、混合投資による都市化建設基金や農業ベンチャー投資基金を立ち上げる。

4．都市化建設基金と農業発展基金は経済発展システムの革新を推進できる。

—投資規模の拡大：投資規模は単一政府の投資の三〜五倍に。

農業産業化プロジェクトや農村合作社への資本金注入が民間資本の呼び水になる。

—県域の信用を高め、資金の貯えを厚くする。

—投資先がより科学的に

基金管理会社・政府・基金投資者・専門家で組織される委員会が票決により決定。

—財政資金の使用効果を高める。政府資金を一定の割合で基金に加えることで五〜一〇倍の資金が集まり、その基金投資がさらに何倍かの社会資金を集める。

—三農の改革発展をサポート。

農業企業と農村合作社の信用を高め、金融要素の県域への流入を牽引する。

農民が土地経営請負権を手に合作社に加入、株式制合作社と株式制農業企業を育成。

○都市化建設基金と農業発展基金を発展させるには、多角的な協力が必要。

1．多方（政府・企業・農民・投資者）がウインウインに、という概念の確立。

2．財政金融の一括改革で、財政資金使用のシステム化と価値の最大化を図る。

§5　城鎮（小都市）建設【農村の余剰労働力の吸収と農村の都市化には小城鎮の建設が欠かせない】

㉚は新型城鎮化を大量の農村人口を吸収する重要な受け皿として捉え、「新型城鎮化は工業化と都市化をうまく組み合わせ、都市建設用地の増加と農村建設用地の減少を結び付けて農村人口の移転と協調させ、都市と農村の土地の平等的交換を実現して、土地の城鎮化と人口の城鎮化を協調して推進する」と説明する。ただし、新型城鎮化には文

化と習慣の改善が必要で、人々の行為と都市モラルの要求が合致しなければならない、と説く。

㊵は「経済発展が都市化を牽引するのか、都市化が経済発展を牽引するのか」と問いかけ、「経済発展が都市化を牽引する」を正解とする。

1．″润物细无声″[16]の都市化。
2．経済発展→民営企業の誕生→農村余剰労働力の吸収と産業の集積。
3．流れが自然であり、需要に基づいていて活力があり、投入と算出の循環が良い。
4．市場が資源を配置するので、土地の利用効率が高まる。

と分析し、手軽な方法は、住民を惹きつけるインフラを整備した小城鎮をたくさん作ること、さらに、最も近い城鎮が三〇km以内にあり、良い道路があれば人々は農村に住みたがる、と説く。

⑤は都市化資源を小都市（県城や中心鎮）へ投入、県域経済を支援して近隣の農民に雇用を創出することの必要性を説き、具体例を挙げる。

1．吉林省長吉図一体化戦略：二大都市と周辺都市群
2．浙江省紹興市：強鎮の行政権拡大→中心鎮の建設→中小都市の育成

一部産業の中小都市への移転により「大都市が牽引し中小都市が支える都市化の枠組み」を形成することを目指す。

⑩は以下の五点を提案する。

1．計画・建設・産業・公共サービス社会管理を一体化させる。

″以工促农、以城带乡、城乡互动″

2．都市の工業資本・技術・人材などの資源を農村資源とドッキングさせる。
3．生産要素を都市と農村間で合理的に流動させ最適な配置をし、新型工業化と農業の現代化を総合的に推進し、

都市と農村の産業の融合を図る。

4．「水道・電気・道路・天然ガス・通信などインフラを一体化し、農村の生活条件の改善を図る」、すなわち基本的公共サービスの均等化。

5．村に対する政府の資金供給保証メカニズムの確立。

⑪は、小城鎮化は今後一〇～二〇年の中国経済安定成長の重要な動力だとして、次の二点の必要性を説く[17]。

1．産業の集積と産業構造のグレードアップ

—農業の現代化と高効率農業の育成を土台に第二、三次産業と協調させ、城鎮の経済構造をレベルアップ。生活性サービス業と生産性サービス業を発展させる。

—各地の特色ある城鎮化を孤立させずに協調発展させる。

2．都市と農村のインフラ建設を一体化し同レベルに。

—融資ルートの多様化、民間資本の導入。

—インフラ整備の過度の商業化を避け、〝宜居宜业〟（住みやすく働きやすい）が目標。大きくて不便な既存都市の発展パターンでなく、小さく美しい田園都市を。

㊾は重点を城鎮の発展に置く前提で、借地費用負担能力の低い工業や住宅を城鎮に移し、都市の空間を空け、担能力の高いサービス業などを発展させ、都市病を克服することを主張する。そして、新段階の都市化の重点は都市の要素を城鎮に、産業と人口を城鎮に移すことであるが、

1．これは市場調節の方向に逆行している。ゆえに政府の積極的な誘導が必要。さもなくば優勝劣敗の法則で、城鎮は都市に発展要素を吸い取られて衰退する。

2．分散した城鎮を総合計画に組み込み、科学的合理的な機能分担を行う。

3．民間資本では不十分な公共インフラ整備は政府が主導すべきだ。
と説く。

⑲は三つの対策を提案する。

1．行政区分の打破と協調・機能分担により、中心都市に配する都市群を育成する。
2．国や省庁が予算を中小都市や町に傾斜配分し、地方政府は公債の発行も考慮。(18)
3．農村を支える小城鎮に農業生産用具の生産や流通の仲立ち、教育や文化の供給を。

㊼は城郷結合部の特徴を以下のように分析する。

○都市の運営をサポート
1．特殊な空間の提供：浄水場・汚水処理場・廃棄物処理場・伝染病病院・火葬場。
2．土地の提供：ある機能を持った特別地区の建設に十分な土地を提供。
3．生態機能の改善：農地・林・グリーンベルト・湿地・河川湖沼。
4．中継地：都市の農業副製品生産地、労働力の提供、周辺農村の経済社会発展の支援。

○弊害
1．汚染排出企業の集中。
2．外来労働者の生活空間。流動人口が多く、社会保障の提供や人口管理が困難。
3．行政の交錯や各種用地の交錯により計画の立案が困難。
4．土地の使用効率が悪く、土地資源を浪費。

㊾は小城鎮化に対する真っ向からの反論である。

「小城鎮式都市化が中国の特色だ、として、村を統合して中心村や郷鎮を作り、郷鎮を建制鎮にし、鎮を牽引車として都市化を進めようという勢いが盛り返しているが、これはセオリーに逆行している」「中国はすでに〝以大為主〟の段階に突入している。〝以小為主〟にすれば、土地の囲い込み、投資開発、資源の浪費、コスト高を助長し、経済発展方式の転換や新農村建設と乖離する」として、今は〝以大為主〟で、大中都市と小城鎮の協調的発展を図るべきである、と主張。

「都市人口には、必ず一定の農業人口が含まれている。中国の実際の都市化率は三五％という学者がいるが、正常な都市人口には二五％の農民が存在するもので、これを考慮すると、現在の都市化率は五〇％くらいだ」したがって「現在、都市に流入している農民のうち一・六五億人程度を戸籍制度改革を通して市民と同等の都市住民にすればよい」と説く。

§6　農村建設　【小城鎮建設は農村建設に深く関わる】

⑤は土地問題対策として以下の三点を掲げる。

1．公益性と経営性の峻別
2．農村と都市の土地の「同地同権同価」の実現
3．農村の土地集団所有制は変えず、工業化・都市化による土地に関する恩恵を農民に。

⑤は都市人口が七〇％になっても、多くの農民が農村に生活することを指摘し、平行した農村建設の重要を説く。伝統文化の継承、田園保護、児童・老人・女性への配慮である。

㊲は、工業化で多くの余剰農民を都市に吸収して平等の社会保障を享受させる一方、農村は適正な農民数と土地の権利の合法的・自主的・有償移転によって零細農業から脱却し、労働生産性と利潤率を高め、公共サービスを充実させる必要がある、と説く。

§7　生態建設　【環境汚染が深刻になる中、都市の生態維持がキーワードになりつつある】

⑯は汚水処理場・ごみ埋め立て地・公園緑化だけが都市の全てではない。集約・スマート・緑色・低炭素といった生態文明の理念と原則の注入が必要だ、と説く。

⑬はこの点を詳細に論じている。

○新型都市化の「新」とは観念の革新、体制の革新、技術革新、文化の革新であり、新型工業化、地域の都市化、社会の情報化、農業の現代化という生態の発育過程を言う。

○新型の都市化の「型」とはモデルチェンジのことで、次の二点を指すと定義する。

1．産業経済・都市交通・建設用地などのモデルチェンジ。

2．環境保護の末端対策から『汚染防止―クリーン生産―生態産業―生態インフラ―生態行政区の〝五同歩〟』への生態文明建設のモデルチェンジ[19]。

その上で、「都市化の核心は農民を産業労働者に変えること」と捉え、新興工業パーク・新興産業・新型社区・新型城鎮の推進を唱えて以下の提案をする。

1．従来の〝招商引资〟から〝招贤引智〟へ

2．生態インフラと住みよい生態プロジェクト

―自動車交通を生態交通へ。石化エネルギーの最小化。

―建設用地に生態用地の機能を：省エネ建築をエネルギー生産建築へ。地表の軟化、屋根の緑化etc.

3．生態集約：生態資源・生産関係・経営方式の集約を（土地、水、生物資源など）

―都市の人口密度を一ヘクタール当たり一〇〇人ほどに。

―社区内の生態サポート面積は建設用地の三倍以上を確保。

―安全で快適な衣食住行の環境確保（ヒートアイランド・スモッグ・汚水・ゴミ・水・衛生）

―生態交通ネットワークが都市人口の八〇％を網羅。三分の一以上の住民が近距離通勤。

―都市のエアコンや暖房供給は八〇％以上を再生エネルギー（地熱・太陽光・バイオ・工業余熱など）で。

―八〇％以上のゴミを社区内で減量化・資源化。

―市民の外出は九〇％以上が公共交通か自転車で。

―自然と人文生態シンボル、社区の円満、治安の良好。

また、都市の浄化・緑化・美化には整った生態インフラのサポートが必要だとして、都市を人体に譬え、こう表現する。

腎……都市の河流・湖沼の浄化と活性化。

肺……都市の自然と造園による緑。道路の緑化、美化。都市林業と農業。

皮膚…都市の地表、建築物、道路などの表面の軟化と活性化。

口……汚水の排出口、緩衝区、浄化機能。

脈略…山水、生態道路、交通動脈。

§8　文化建設　**【都市には歴史と文化がある。「人の都市化」には欠かせない】**

㊽は「都市の性格に歴史と文化の要素がなければ『産業があって生活がなく』『生活があって品格がない』」「都市の文化＝都市の魂は幸福な生活に必要不可欠」として、伝統的な共同体の崩壊、社会の協同倫理の欠如を指摘する。そして、実現には政府と企業の他に社会の多元的な主体の自発的参加が必要で、市場の見えざる手だけでは不十分だ、と主張する。
⑳は、これを「村にある老木は移植するな、古民家を壊すな、古井戸を埋めるな、石橋を壊すな」と表現し、これら先祖が残した貴重な宝物は保護せよ、と呼びかける。
㊼は城鎮の文化的な記憶の中で、文化遺産は重要な表現形式であり、復元できないので新型城鎮化の中で科学的に

対処すべきだ、と主張する。そして、都市化の中に文化建設を一貫して取り込み、都市の魂を鋳造すべきだとして、
1．文化遺産の保護を重視。
2．新型社区のプランに正しい審美観・価値観・歴史観・生態観を醸成すること。
3．民間文化の伝承と革新を重視すること。
4．文化施設の建設と管理を重視すること。
を主張している。

四、まとめ

都市化、中でも、農村の都市化論議は、ここ二年間、中国の発展過程における最大の問題としてクローズアップされ、様々な論議が展開された。人民日報に掲載された主な記事や論文を筆者なりの基準で選んで数えると、既述の如く検索記事目録に記した二〇一二年一月から二〇一三年一二月初旬にかけての八〇本余りになるが、これを都市別にみると、二〇一二年が一五本、二〇一三年は六八本と急増する。

こうした中で、農村の都市化論議は、「農民の市民化」がこれまでの「半都市化」の中で「土地の都市化」に阻害されていた、という認識から、「人の都市化」を中心に展開されたが、その議論が深まるにつれ、「人の都市化」を受け入れる都市側の引き受け能力が論議の的になっていった。それによって、都市計画の杜撰さ、行政もしくは権力者の恣意、財政的裏付けの欠如が明るみになり、さらに地方政府の土地ころがしによる錬金術や生態破壊による汚染の蔓延も相まって、二〇一三年後半になると、行政に対する厳しい論調が目立つようになった。

これに歩調を合わせるように、李克強首相が提唱する都市化による消費拡大を視野に入れた市場化がクローズアッ

プされ、政府・市場（企業）・民衆が三位一体となって都市化を図るという主張が力を得てきたが、その一方で、市場の見えざる手に任せ切る危険も提起され、それぞれの受け持ち分担を考える方向に議論が進化している。

また、都市化の中で、大都市・中小都市・小城鎮の都市化をどう進めるか、それぞれの担う役割についても議論が深まった。一方で都市群の形成が地域発展と絡めて盛んに論じられ、一方では、農村の都市化と農村の余剰労働力吸収の切り札として小城鎮の都市化に議論が集中した。それぞれ功罪が盛んに論じられる中で、農村と都市の一体化と農村の農村化が新しい視点として登場し、これと関連して、戸籍問題や土地問題をどう解決するか、議論が進められた。

最近の議論で特徴的なのは、地方都市の財政的基盤の確立をどうするかが、地方税の問題も含めて詳細に議論され始めていること、生態維持に関する議論の深まり、都市の歴史文化遺産の保護による都市の文化的魂の伝承へ関心が高まっていることだろう。それらが重要なアイテムであることは論をまたないが、都市化の最大のテーマは依然として、市民化する農民に対する社会保障と住居の問題、給与格差の問題、そして職を保証する産業による下支えであろう。

人民日報検索記事目録（記事テーマは原文のまま。寄稿者とその所属は日本語）

①二〇一二年一月一八日　城镇化并非盲目〝造成〞（政治協商会議常務委員頼明）
②二〇一二年一月一九日　城市化关键在〝市民化〞（雲南省昆明市盤竜区書記呉涛）
③二〇一二年一月三〇日　推进城市化，亟需破〝两难〞
④二〇一二年二月二九日　〝城市运营〞助力城镇化
⑤二〇一二年三月一三日　城镇化道路怎么走
⑥二〇一二年四月五日　努力实现高质量的城镇化
⑦二〇一二年五月七日　城镇化应选择正确的策略（国家発展改革委員会経済所相偉）

⑧二〇一二年六月二〇日　以城镇化拓展内需空间（吉林大学中国国有経済研究センター孫少岩・孫博）

⑨二〇一二年九月二四日　积极探索「〃三化〃下调发展之路」

⑩二〇一二年一〇月一七日　积极探索城镇化新路（湖南省委常委秘書長易煉紅）

⑪二〇一二年一一月二一日　把城镇化纳入转变经济发展方式主线（社会科学院中国特色社会主義理論体系研究センター楊志勇）

⑫二〇一二年一一月二一日　推进以人为本的城镇化（社会科学院都市発展・環境研究所黄順江）

⑬二〇一二年一二月三日　城市为谁而建？

⑭二〇一二年一二月一〇日　谋求高质量的城镇化

⑮二〇一二年一二月一八日　以市场化改革激活『城镇化红利』（葉琦）

⑯二〇一三年一月五日　新型城镇化，生态要优先（科学院生態環境研究センター王如松）

⑰二〇一三年一月六日　城镇化难题怎么解（科学院生態環境研究センター王如松）

⑱二〇一三年一月六日　农民工〃市民化〃不能与土地挂钩（国務院発展研究センター韓俊）

⑲二〇一三年一月九日　中国经济的火车头（北京大学中国経済研究センター主任林毅夫）

⑳二〇一三年一月一三日　城镇化：让发展更科学、生活更美好

㉑二〇一三年一月一六日　新型城镇化的难点是人的城镇化（民建副主席辜勝阻）

㉒二〇一三年一月二〇日　要摒弃『二元态度』城镇化（顧仲陽）

㉓二〇一三年一月二三日　城鎮镇化绝不能走老路（発展改革委員会城市小城鎮改革発展センター喬潤令）

㉔二〇一三年一月二三日　城鎮镇化要走公平可持续新路（全国政協委員遅福林）

㉕二〇一三年一月二七日　解决制约城镇化的深层次问题（社会科学院学部委員呂政）

㉖二〇一三年一月二七日　提高质量是推进城镇化的当务之急（社会科学院栄誉学部委員陸学芸）

㉗二〇一三年一月二七日　平衡兼顾是要义（国家発展改革委員会対外掲示研究所）
㉘二〇一三年一月三一日　城鎮镇化、不能一哄而上
㉙二〇一三年二月一九日　〝中国梦〟蓝图在绘
㉚二〇一三年二月二二日　新型城镇化：经济社会发展的重要引擎（河南財経政法大学学長李小建）
㉛二〇一三年二月二四日　何时不再伤离别
㉜二〇一三年二月二七日　开发性金融给力新型城镇化
㉝二〇一三年三月一日　在城镇化中化解社会风险（人民大学農業与農村発展学院研究団隊温鉄軍・蘭永海）
㉞二〇一三年三月四日　厚道的城市化之路（アメリカ、ポストモダン発展研究員副院長王治河）
㉟二〇一三年三月八日　两会特刊　城镇化：积极稳妥健康发展
㊱二〇一三年三月一〇日　城镇化怎样才优〝化〟
㊲二〇一三年三月一六日　城镇化并非农村变城市（全人代代表、山西省運城市代市長王清憲）
㊳二〇一三年三月一八日　城镇化也当避免〝收缩的城市〟
㊴二〇一三年三月二三日　建设美丽中国要正确理解城镇化（中国科学院植物研究所研究員蒋高明）
㊵二〇一三年三月二七日　新型城镇化要提升规划水平（全国政協副主席林文漪）
㊶二〇一三年四月三日　城镇化与旅游发展衔接
㊷二〇一三年四月三日　以文化繁荣推动城镇化
㊸二〇一三年四月一二日　国外城镇化建设的启示
㊹二〇一三年四月一九日　城鎮化不是过度负债的借口（劉先雲）
㊺二〇一三年四月二四日　科学理解城镇化的内涵（上海交通大学教授劉士林）

㊻二〇一三年四月二六日　企业要抓住城镇化机遇（広東格蘭仕集団総裁梁昭賢）
㊼二〇一三年五月二日　加快城镇化，不能遗忘城乡结合部（人民大学区域と城市経済研究所張良）
㊽二〇一三年五月六日　城镇化应直面文化命题（《文化縦横》雑誌社社長楊平）
㊾二〇一三年五月一三日　新型城镇化应是改革战略（北京大学光華管理学院院長蔡洪浜）
㊿二〇一三年五月一六日　新型城镇化——缩小福利差距，扩大景观差异
(51)二〇一三年五月二八日　从城乡和谐角度认识新型城镇化（河南財経政法大学教授李小建）
(52)二〇一三年六月一六日　关注城镇化的成本之保障成本
(53)二〇一三年六月一七日　多一点〝不开发区〟
(54)二〇一三年六月二七日　我城镇化率与世界平均水平相当
(55)二〇一三年七月三日　城镇化为改革提供〝振臂力〟
(56)二〇一三年七月四日　文化设施不能凭空规划
(57)二〇一三年七月一四日　我国城市群发展面临的挑战（上海交通大学教授劉士林）
(58)二〇一三年七月一四日　实施以人为本的城市群发展战略（人民大学城市規劃与管理系主任葉浴民）
(59)二〇一三年七月一七日　以改革创新推动城镇化转型升级（社会科学院中国特色社会主義理論体系研究センター田雪原）
(60)二〇一三年七月一七日　积极推进人口城镇化（中国（海南）改革発展研究院元院長遅福林）
(61)二〇一三年七月二八日　进不进城，〝多听沉默的声音〟
(62)二〇一三年八月八日　城镇化：处理好政府和市场的关系（馬宏偉）
(63)二〇一三年八月一一日　有序推进农民市民化
(64)二〇一三年八月一六日　做中国新型城镇化的积极践行者（中投発展有限責任公司総裁羅釗明）

⑥5 二〇一三年八月一七日　推进新型城镇化——全国重点镇将增补调整
⑥6 二〇一三年九月一〇日　城镇化应设承载力指标
⑥7 二〇一三年九月二四日　关于推进新型城镇化的思考（王保安）
⑥8 二〇一三年一〇月八日　把进程农民培养新市民（西南大学文化と社会発展学院周永康・潘孝富）
⑥9 二〇一三年一〇月一五日　低成本的土地城镇化不可持续（国務院発展研究センター金融研究所巴曙松）
⑦0 二〇一三年一〇月二二日　城市规划：改来改去为哪般（清華大学建築と城市研究所副所長呉唯佳）
⑦1 二〇一三年一〇月二二日　城乡一体化不能城乡一样化
⑦2 二〇一三年一〇月二二日　征地应予公正合理补偿
⑦3 二〇一三年一〇月二三日　加强新型城镇化顶层设计（政治協商会議常務委員頼明、九三学社中央副主席王芬）
⑦4 二〇一三年一〇月三〇日　城镇化激活经济内生动力
⑦5 二〇一三年一一月六日　财政金融联手破解县域融资难题（山西省監局局長孫才仁）
⑦6 二〇一三年一一月七日　新型城镇化钱从哪里来（厲以寧）
⑦7 二〇一三年一一月七日　全面深化改革述评之七——城镇化改革：城乡共享红利
⑦8 二〇一三年一一月一二日　城镇化被房地产绑架之患
⑦9 二〇一三年一一月一二日　城镇化：要承载想、抱负与希望（国家行政学院経済学部教授許正中）
⑧0 二〇一三年一一月一八日　城镇化的逻辑（中国人民大学教授李義平）
⑧1 二〇一三年一一月一九日　不能让〝活历史〟在造城中死去
⑧2 二〇一三年一一月二七日　提高国家中心都市建设水平（重慶市中国特色社会主義理論体系研究センター）
⑧3 二〇一三年一一月二八日　新型城镇化应凸显文化特色（河南省滎陽市宣傳部長康寧）

㉔二〇一三年一二月一日　从圏地不干预到建设遗址公园（中国社会科学院考古研究所研究員唐際根）
㉕二〇一三年一二月三日　城镇化化不能〝目中无人〟

注

1　水環境、水資源、大気環境、土壌土地環境、騒音環境、生態環境、生活上の住み心地、環境管理全体の効果の八項目で評価。
2　清華大学がコロンビア大学・マッケンジー社などと共同実施した〝城市中国研究计划〟で発表。一一二の重点都市を対象に、二〇〇四～二〇〇八年の統計に基づき算出。基本需要、資源効率、環境への影響など一八項目。
3　〝慢城〟の条件：人口五万人以下、エコ生活、伝統的手工業の奨励、スーパーやファストフードの排除など五四項目。例：江蘇省高淳県
4　郷鎮企業育成モデルのうち、公有制を基礎として行政と企業が一体となって育成するモデル。
5　私有制を土台に、一般の商人たちが家内工場などと協力して育成するモデル。
6　二〇一三年にはこの趣旨に沿って「重点的に発展を図る鎮を最低限一つ各県（市）に設け、全国重点鎮に組み込む」という趣旨で、全国重点鎮に対する増補調整も行われている。
7　「地級」は従来の省級と県級の間に設けられた行政レベルで、「地級市」は「直轄市」と「県級市」の中間に位置する。
8　㉒はこれを〝经济性接纳，社会性排斥〟（経済的には受け入れるが、社会的には受け入れない）、〝禁止农民工在此用餐〟（農民工はここでの食事はお断り）とも表現する。
9　最近の統計では、農民工の九〇％以上を民間経済（ほとんど中小企業）が吸収し、その役割は極めて大きい。
10　義務教育段階の農村の生徒数は一・二五億人、うち一二六〇万人が都市で就学、両親が帯同している者はわずか一〇％に過ぎない。ただ、このわずか一〇％に対してでさえ都市側は受け入れ難に喘いでいる。

11　経済発展の陰で取り残された中国の「農業」「農村」「農民」が抱える問題の総称。

12　二〇一一年六月配布の「全国主体機能区計画」。全国を都市化地域・農産物主要生産地域・重点生態機能地域の三に分け、均しく十分な社会保障と豊かな生活を目指そうという計画。都市化地域はさらに最適化開発地域と重点開発区域に分けられる。

13　⑫は失地農民を〝三无人员〟〝种田无田、上班无岗、低保无份〟（耕す畑がない、仕事がない、保障がない）と称し、創業就業型への身分の転換を訴えている。

14　二〇一一年一一月に文書が公布され、各地で試行が始まった〝营业税〟（営業税）から〝增值税〟（付加価値税）への変更。サービス業にとっては営業税だけでなく〝增值税〟の対象にもなり、ややもすれば二重課税となって発展の足手纏いになっていた矛盾が増値税に一本化されることで解消。

15　例えば文化産業では、韓国・日本がGDP比一五％以上であるのに対し、中国は三％に過ぎない。

16　出典は唐代の詩人、杜甫の『春夜喜雨』。音もなく静かに大地を潤すさま。

17　⑥③は、工業を誘致しつつ農業生産も現代産業体系に取り込む――生産合作社などの形式で農業を現代産業や市場とドッキングさせた成功例として、華西村（江蘇省無錫市江陰市華士鎮に位置する村。中国で最も豊かな農村と称される）などを挙げている。

18　全国で県レベルの単位は三〇〇〇カ所、三万鎮を数えるが、大部分が資金不足で、中小企業の誘致が必須になる。

19　二〇一一年版〈可持续发展绿色人居住区建设导则〉中国房地産業研究会人居環境委員会は新型都市建設に関し〝绿色居住〟発展モデル（集約・スマート・緑色・低炭素）について七大方面の指導規則、二級量化指標二八項、一級量化指標六六項を提示している。

『習近平の思想と知恵』訳者まえがき

本書は、陳錫喜主編《平易近人――習近平的語言力量》上海交通大学出版社、二〇一五年一月発行の全訳である。「アメリカと並ぶ二大超大国」とまで表現されるようになった中国。その中国がどこへ行こうとしているのか、その指導者、習近平国家主席はいかなる思想でこの国の舵を取ろうとしているのか、に世界の関心が集まっている。二〇一二年の中国共産党十八全大会で総書記に選任されて以来、習近平は大方の予想をはるかに超える勢いでさまざまな政策に取り組んだ。中でも、「トラ」も「ハエ」も叩く、という思い切った腐敗撲滅運動、政府機関の綱紀粛正や許認可権の整理縮小など、庶民の目線に沿った政策は多くの喝采を浴びた。もちろん、こういった動きには反発もあり、それを権力闘争に絡めて分析・解説する論調もある。

それはそれとして、中国五千年の歴史と王朝興亡史を紐解けば、習近平の取り組みは、まさに「各王朝の『中興の祖』に倣い、自らも『中興の祖』たらんとしている」と言え、過去の事績に学ぶ側面も垣間見られる。また、マルクス・レーニン主義を中国に導入し咀嚼して発展させた毛沢東思想、唯物史観を基本として維持しつつ市場経済を取り込んだ鄧小平理論は、二〇〇一年のWTO加盟に結実したが、押し寄せるグローバリズムは単に経済システムの変革にとどまらず、伝統・文化そして中国五千年の社会構造にまで大きな影響を及ぼし始めている。それは、とりもなおさず、中国という国家と国民に対する根本的な問いかけ、「中国とは何ぞや」に他ならない。これに対して明確な答えを出さなければ、強大な経済力で一世を風靡しても、間違えれば狭隘な国粋主義に陥り、世界から反発を受けかねない。

中国の根源はどこにあるのか、中華世界はいかにして構築されたか、二〇世紀後半以降、中国は国を挙げてこの問題に取り組んだ。一九九六年には国家プロジェクトとして「夏商周断代工程」が、続いて「中国古代文明探源工程」

がスタートし、浙江省の良渚文化や山西省の陶寺遺跡など、紀元前三〇〇〇年頃の文化の存在と内容が徐々に明らかになり、それら各地の文化が相互に作用しつつ融合して紀元前二〇〇〇年頃の夏王朝成立につながり、今日の中華文化の基礎を形成されたことも明らかになって来た。さらに、一九五〇年代に袁珂などによって整理された中国古代神話の登場人物、また、『史記』などに登場する三皇五帝に擬せられた神話・伝説上の人物と、古代中国における各部族間の闘争・統合やトーテミズムの融合もこうした研究成果によって関連づけられつつある。春秋戦国時代になぜ「諸子百家」と呼ばれるあれほど豊かな「思想爆発」が起こったのか、そこに至るまでの二千年にも及ぶ歴史のベールが徐々にはがされつつあるといってよい。

習近平の講話集は、二〇一四年六月までを対象とした『習近平談治国理政』が二〇一四年一〇月に外文出版社から出ている。これに対し本書は、二〇一二年の十八全大会から二〇一四年五月までのおよそ一年半余りに発表された習近平の講話で象徴的に使用された言語表現を収録し、丁寧に解説を加えたものである。この時期は正に習近平の統治思想がベールを脱いだ時期であり、これらの具体的な言語表現がどのような趣旨で引用されているかを分析することは、習近平の思想的根拠を探る第一歩として評価されるべきであろう。

本書はプロローグを除けば、比喩の章、ことわざの章、詩文の章の三部構成になっているが、とりわけ最後の詩文の章では、四書をはじめとする儒家の経典や、道家・墨家からの引用も多い。「偉大な中華民族の復興」、「中国の夢の実現」は習近平政権の代表的なスローガンであるが、その基本コンセプトを読み解く上で欠かせない材料となろう。

本書の内容はまた、共産党の党員幹部の有るべき姿を明確に打ち出し、その実現のためにいかなる努力をするべきか、を説いた解説書、という側面も色濃い。その内容には習近平の生い立ち、総書記就任に至るまでのプロセスで得たさまざまな経験が投影されており、彼の政策の根底に何があるかを知る上で大変示唆に富む。例えば、現在、高等教育機関で学ぶ学生に対し、積極的に下放して社会の最前線を経験することが大いに奨励されているが、これらの動きに対しては従来、就職難にあえぐ大学生に「都会にばかりしがみつかずに、農村での就職を」と呼びかける政策だ、との見方が根強かった。しかし、本書を読むと、習近平が自身の生い立ちも踏まえ、社会の末端における実地経験をきわめて重視していること、それを人材育成の根本に位置づけていることがわかる。そうであれば、大学生に対する上述の呼びかけも別の側面が見えてくる。

百年以上にわたる西側列強の蹂躙に喘ぎ傷ついた中華民族の「心の傷」は当然癒されるべきだ。その過程で、中国人は「愛中華文明」と「愛漢民族」と「愛中華人民共和国」を器用に使い分けてきた。その融通性は時にきわめて有用であるが、同時に、中国人はその違いを自らに問い直し、整合性を高める責任も背負っている。

毛沢東思想、鄧小平理論の延長上で経済の国際化と情報のボーダレス化を受容しつつ、この大国をリードする習近平理論、あるいは習近平思想をいかにして構築するか、その第一歩は、国内国外の現実にどう対処するか、という実用書でもある本書から始まると言えよう。

なお本書では引用文が多いため、煩瑣を避けるため書き下し文は省き、日本語訳のみ提示した。また、一般読者にわかりやすいよう、思い切って原文は当用漢字に改めた。出典を明示してあるので、必要に応じ参照されたい。

金丸邦三先生を偲ぶ

昨年、金丸先生が長い闘病生活ののち、幽明境を異にされた。長年、そのご厚恩に浴した者の一人として、痛恨の極み、その思いは到底言辞に尽くせないが、拙筆ながら断ちがたい先生への思いを書き記すことをお許し願いたい。

先生に初めてお目にかかったのは、私が麗澤大学の三年生のときだった。当時私は暇さえあれば、中国語学科の共同研究室に出入りしていた。教室番号は二〇三、通称二〇三高地、そこに行けば授業では聞けない様々な知識に接することができる。先生方の湯茶のお世話をしながら、辞書の使い方や文学の話題を貪るように耳に留めてはノートに記していた。一年生のとき、「パキン」と聞いて「フランス人ですか」と尋ね、奥平定世先生に大笑いされ、部屋に帰って中国文学史を猛勉強したのも今では懐かしい。

二年生のとき、輿水先生が非常勤で来られ、趙樹理の小説の読解授業を受け、そのアカデミックな読み方に感激し、東京外語の大学院受験を決意した。その翌年、金丸先生も非常勤で来校された。私は残念ながら授業がなかったのだが、偶然にも、母校都立戸山高校の先輩であることを知り、親近感を覚えた。先生は、初めて私に会ったときのことを、「学生服姿で大きなズックを持ち、中からトイレットペーパーを取り出して鼻をかんでいた学生として非常に印象に残った」と杯を片手に述懐されていたことがある。

先生の温顔に惹きつけられた私は、ちょうどそのころ、清水元助先生の『児女英雄伝』の授業があり、その難しさに閉口していたので、厚かましくも先生に「冬休みに『児女英雄伝』購読をしていただけませんか」とお願いした。すると先生が「『水滸伝』ならやってもいい」とおっしゃったので、二つ返事でお願いすることにした。

三年生の冬休み、箱根で合宿を行い、参加者は私と秦さん（のち、長崎国際大学教授）、立松さん（現拓殖大学教授）、石原さん（現、私の妻）、前田さんの五人の麗澤大学生だった。合宿は三日間丸一日中テキストを読むというハードなものだったが、その充実感は何物にも代えがたく、その後、年々開催され、東京外国語大学の学生も続々と加わるようになり、内容もいつしか元曲を読む〝読曲会〟へと変わり、今の俗文学研究会へと発展した。現在は当時の合宿仲間だった川島先生（現東京外国語大学教授）が主宰されている。この会から巣立った大学教員はあまりに多く、とてもここでは紹介しきれないが、それぞれが一家を為し、各分野での研究教育に活躍していることからも、最晩年まで若い世代の育成に心血を注がれた金丸先生の類まれなご人格とその感化力が窺い知れるのである。

その後〝読曲会〟での読み合わせの成果が研究会報として継続して出版され、日本における元曲研究の一翼を担ったことは記憶されてよい。

誰にでも暖かく接し、決して敵を作らず、常に周囲の人材に手を差し伸べ、理解し、励ます先生は大学行政においても多くの人々に信頼され、東京外国語大学の発展に大きく貢献された。この点については、昨秋の偲ぶ会で輿水先生が詳しく紹介されている。

先生の謦咳に接した我々門弟が先生を語るとき、まず披露することといえば、お酒だろう。先生は無類のお酒好きで、ゼミの後、研究会の後は必ず酒盛りとなった。大塚の江戸一のあさりの酒蒸しが大好物で、うまそうにその汁を吸うお姿が今でも目に浮かぶ。二次会、三次会はざらで、終電車もなくなり、当時東久留米にあったご自宅にみんなでタクシーで乗り付け、朝まで雑魚寝したこともあった。

先生の酒席は話題がその日勉強したことの再吟味や中国に関する様々な話題で、じつにためになる。かといって、いささかも堅苦しさはなく、誰の意見にも耳を傾け、対等に論じて下さる。それゆえ、みんな遅くまで帰ろうとしなかった。

毎夏の合宿も、朝の九時から夜の一〇時まで読み続け、それでおしまいかと思いきや、それから杯を手に明け方の三時四時まで談論風発、そのうち、一人寝込み二人寝込みして、先生も大往生、それでも朝になるとまた読み始める、といったものだった。

今では元曲研究の大家となった関西大学教授の井上泰山君がいつも先生に食い下がっていた姿を思い出す。先生の介添え役といっても良い立場を貫かれたのが、すでに退官された小林二男元東京外国語大学教授で、昨秋の偲ぶ会も氏のお力によるところが極めて大きい。

当の私はというと、誠に不肖の弟子で、途中から専門分野の宗旨替えをし、さらに学校行政にかまけて、読曲会もいつしかご無沙汰してしまった。本来なら破門されてもおかしくなかったのだが、その後も変わらずお声がけを頂き、さらに定年後は無理なお願いにもかかわらず、麗澤大学教授として教鞭をとって頂いた。正真正銘「海の如く深い」師恩を思うとき、思わず滂沱と流れる涙を禁じ得ない。

「三瀦君、君は武断派だね」、大学院に入ったころ、先生からかけられたこの言葉を私は座右の銘にしている。学問の結果は一刀両断に結果を急いではいけない。真理は一つとは限らない。躊躇い、逡巡し、資料を渉猟、推敲を重ね、それでもなお結論を疑う、その用心がなければ学問ではない。すぐ「こうに決まってます」と言ってしまうせっかちな私の弱点を先生は「武断派」と遠回しに指摘された。爾来四十数年が過ぎたが、以後この言葉を忘れることは決してなかった。

ご逝去の半年ほど前、御自宅にお見舞いに行ったときお目にかかったのが最後になってしまったが、今はただただご冥福を祈るばかりである。

今頃は泰山の冥府君とともに六朝志怪を肴に愉快に酒を酌み交わしていらっしゃるかもしれない。いつか陪席させて頂く日を楽しみにしていよう。

梅と桜

やや旧聞に属しますが、二〇一四年四月一九日の人民日報に、杜若原氏執筆の中国の桜についての記事が掲載されました。「桜の起源は中国で、すでに秦・漢の時代に宮廷でも植えられ、その花見も伝統行事として存在する」として、中唐の詩人、劉禹錫や白楽天の詩文の一節を紹介しています。桜はその頃日本に持ち込まれ、日本の国花にまでなりました。中今、インバウンド消費で、多くの中国人が日本を訪れていますが、桜の花見はそのハイライトになっています。中国でも桜の本家として植樹や花見の開催への試みが始まっているとのことで、その活動も詳しく紹介されています。

一方で、中国人が牡丹とともにこよなく愛する梅はどうでしょうか。梅が日本の書物に登場するのは、八世紀ごろ、奈良時代に最古の漢詩集として編纂された『懐風藻』とのこと。これは白梅で、紅梅は平安時代を待たなければなりません。しかし、冬の寒さに耐えて咲くその清楚な美しさと馥郁とした香りは日本人の心をしっかりとらえました。まして、そこにウグイスがやって来てきれいな声で春を告げるのですから、瞬く間に早春の風物詩になりました。平安時代の『古今和歌集』に収められている素性法師の「春たてば花とや見らん白雪のかかれる枝に鶯ぞ鳴く」は、まだ咲かない白梅を待ち焦がれ、白雪の積もる梅の枝にやってきたウグイスを詠んだ歌です。中国でも王安石が「梅花」という詩の中で

「牆角数枝梅，凌寒独自開，遥知不是雪，為有暗香来」と詠んでいますが、白梅を雪に喩えている点で共通していると言えましょう。早春を告げることから、人に希望を与える意味合いでも使われます。菅原道真が太宰府に左遷された折に呼んだ「東風吹かば、匂い起こせよ梅の花、主なしとて春な忘れそ」もその切ない思いを詠んだ句です。翻って、桜はその爛漫さが日本人の心を強くとらえました。

「いにしえの奈良の都の八重桜、今日九重に匂いぬるかな」（平安時代『詞花集』）

同じ平安末期の西行法師は、

「願わくば花の下にて春死なん、その如月の望月の頃」とさえ詠っています。

しかし、散り際の良さは日本では「潔い死」という方向へ桜のイメージを強く引っ張っていました。辞世の句に桜がしばしば詠み込まれるのはそのせいでしょう。

有名な江戸時代の『忠臣蔵』という、忠義な家臣による主君の仇討物語はいつの時代も日本人の心を捉えて離さないのですが、その主君、浅野内匠頭が切腹に臨んで詠んだ句、

「風誘う花よりもなお我はまた、春の名残を如何にとやせん」は桜の散る様に己の思いを託したものでした。戦国時代、細川忠興の妻、ガラシャ夫人は石田光成側の軍勢に攻められ、自害しましたが、そのとき詠んだ句、

「散りぬべき、時知りてこそ世の中の、花も花なれ、人も人なれ」もいつまでも日本人の心を揺さぶります。

江戸時代の国学者、本居宣長は、日本精神の象徴として、

「敷島の大和心を人問わば、朝日に匂う山桜花」と詠いました。こうして桜は日本精神の象徴になり、明治になると軍国日本の象徴にもなりました。帝国陸軍の「歩兵の本領」という歌では「万朶の桜か襟の色、花は吉野に嵐吹く、大和男と生まれなば、散兵線の華と散れ」と歌い、「同期の桜」という言葉も生まれ、終には特攻隊の名前にまでなってしまいました。

今、花吹雪が舞う上野の桜を、日本人も中国人も肩を並べて鑑賞しています。平和な姿を見るにつけ、桜が、戦争で死を恐れずに戦う象徴ではなく、豊かな平和の象徴として、人々の心にその花吹雪をいつまでも注ぎ続けることを切に祈らずにはいられません。

第二部　古稀記念寄稿文集

而立会の草創期

金子伸一

三潴先生の古稀記念出版にあたり、而立会が成立した頃のことを書きとめておくことが、而立会の活動や運営に精力をつぎ込んでこられた先生に敬意を表すことになると思い筆を執ることとしました。

私が先生に出会ったのは二〇〇二年の六月、麗澤大学の中国語学科の三、四年生向けに講義をされていた教室でした。その年の四月に麗澤大学大学院に入学した私は大学院の授業のペースにも慣れ、何か面白い授業はないものかと情報取集していたところ「MM式中国語翻訳」（＝「レベル三〇」のこと）というものを発信されていた先生の講義に興味を持ちました。何か一つでも授業を聴講させてもらおうと事前に先生の研究室を何度か訪れましたが会うことができなかったため、「中国政経」という授業が行われている教室に直接行き、三、四年生に交じって先生が来られるのを待っていました。先生は教室に入るなり私の存在に気づかれ、私のところに歩み寄ってきました。それも当然です。二十数名の学生の中に三〇歳ほど年の違うオジサンが交じっている訳ですから目立ちます。簡単に自己紹介をし、直接教室に来るに至った経緯を話し、聴講させて欲しい旨を伝えたところ直ぐに快諾を得ることができました。授業が終わった直後には私を大学内の図書販売センターへ連れていき授業で使われているテキストを紹介してくださったのです。その後、先生からは「日中異文化研究会」というサークルを紹介して頂いたり、翌々年には大学で行われていた「レベル」の受講を勧められたり、段々と而立会へと繋がっていきました。

中国語翻訳研究会「而立会」の設立

現在の而立会は二〇一〇年九月にＮＰＯ法人として設立された日中翻訳活動推進協会（通称「而立会」）がその正式名称ですが、その前身となったのが二〇〇四年に設立された中国語翻訳研究会「而立会」です。法人格を持たない任意団体或は同好の士が集うサークルという位置づけで、便宜上の事務局を当時三潴先生が教授として在籍されていた麗澤大学中国語学科の研究室に置いていました。設立時はまだ会員になっていませんでしたので、私自身は設立に関わっておりませんが、当時の而立会ホームページに掲載されていた二〇〇四年二月七日付「而立会設立趣意書」に当時の考え方が表れています。以下にその全文を引用します。

前　言

今日、日中間の交流はあらゆる分野にわたっており、二一世紀のアジアの安定と平和のために、今後、両国及び両国民の協調と相互理解を進めることが不可欠であることは論を俟たない。

然るに、現状を概観するに、相互理解は依然として甚だ不十分であり、歴史、文化、風俗、更には政治、経済、社会など多方面にわたり、一層の情報の交流が求められている。

相互理解促進を阻むネックの一つに、翻訳業界の力不足がある。現在の日中翻訳業界は、既に相当量の需要があるにもかかわらず、およそ、野放し状態に近く、自薦と経験にのみ頼る、ノーチェックの杜撰な翻訳が堂々とまかり通り、プロの名に値しない自称翻訳家の跳梁跋扈が絶えない。

このような現状を憂い、ここに有志を募り、而立会を創設し、日本における日中翻訳の発展の礎を築くことを期す。

会則

第1条：（会の名称）
当会は、孔子の言〝三十而立〟に因み、〝而立会〟と称する。
第2条：（会の趣旨）
当会は、以下の2点を趣旨として設立する。
一．日本における日中翻訳界の質的向上のための翻訳者養成。
二．中国の良書の日本への紹介。
第3条：（会長）
当会は、〝時事中国語翻訳者養成レベルシステム〟考案者三潴正道を会長とする。
第4条：（会員資格）
当会会員は、〝時事中国語翻訳者養成レベルシステム〟においてレベル三〇をクリアした者を会員有資格者として認定する。
第5条：（会員証と徽章）
当会会員には、〝時事中国語翻訳者養成レベルシステム〟レベル三〇合格証書を発行し、これをもって会員証とする。また、而立会の徽章着用を認める。

手元にある私自身の「認定証」を見ると、私がレベル三〇をクリアし而立会会員となったのは二〇〇五年二月二三日でした。当時の認定証に書かれていた内容は「貴殿はＭＭ式中国語翻訳者養成コースに於いて、研鑽努力の甲斐あり、見事にレベル三十を突破されました。茲に認定証を授与し而立会会員に推薦致します」という而立会会長としての文言と㈱海外放送センター顧問としての「貴殿を海外放送センターの翻訳有資格者として認定します」という文言でした。

最近は認定証の授与式を行い、多くの会員の前で認定証を受け取るスタイルになっていますが、当時というか私の場合は、同時期の合格者二人と認定証の日付と同じ日に東京の九段下にある「九段会館」のカフェに招かれ、アットホームな雰囲気の下、三潴先生と海外放送センターのお二人の社員方から「合格おめでとう！」という言葉とともに「認定証」を頂いたというものでした。而立会に組織としての事務局がない時でしたから、認定証の手配も先生が顧問を務めていた㈱海外放送センター（現在の株式会社グローヴァ）に頼らざるを得なかったのだと思います。

私のレベル突破順番号は一八番。前出の同時期の合格者二人を含めた会員数は二〇人で、不定期で開催されていた会員同士の集まりには二〇人の内の六～七人が出席していたと記憶しています。当時議論していた主なテーマは、会員同士の勉強会開催の検討と中国の良書を翻訳・出版することに向けての具体案の検討でした。

メール学習会

実際に会員同士が集まって翻訳についての勉強会が開かれたことも何度かあったようですが、開催時間と場所と課題を決め参加者を募るだけでも容易ではないという現実に気づいた頃、三潴先生が中国語翻訳の問題文の選定•出題•講評を行うというメール学習会を始めてくださいました。会員同士の勉強会開催という検討課題はメール学習会という形であっという間に解決されたのです。現在は基本的に月一回の出題ですが、最初の頃は二週間に一度という頻度で運営されていた時もありました。また、ネット上で完結できる便利な勉強会ということもあり、始まったばかりの頃は、講評が出た後に訳文を提出した会員の多くが自己反省や感想や気づきなどをメールするといった賑やかな状況を呈していました。第一回は二〇〇五年六月。これが現在のメール学習会の始まりでした。

翻訳・出版

中国の良書を翻訳・出版するという次の課題ですが、出版物に「而立会」の名が最初にでたのは『ジャパンスナップ』という本です。駱為龍・陳耐軒の中国人夫妻が一〇年間の日本滞在時の異文化体験や思い出をまとめた中国語のエッセイ『日本掠影』が原題で、この翻訳依頼が日本僑報社からあり、三人の会員が個人的に対応したものでした。三潴先生が監訳者を務めるということもあり三人の方々の氏名を括弧書きとし「而立会訳」という表記がされました。二〇〇五年九月発行。

人民日報翻訳プロジェクト

二〇〇六年三月の会員総会を機に活動が活発化したように感じます。この時のレベル三〇突破者が七名で名簿上の会員総数が三〇名となったこともあり、総会で事務局の設置を承認し、事務局長、ウェブ担当、総務担当、会報担当という四人体制の組織を会長・三潴先生の下に置きました。会員間の連絡にML（メーリングリスト）を使うようになったのもこの頃です。組織やEメールを使う連絡方法が決まり、二〇〇六年四月から人民日報翻訳プロジェクトを始動することとしました。一七人の会員が参加することになり、四月一一日に先生が選び出した最初の人民日報記事八本が届き、翻訳作業がスタートしました。

一チーム三人体制で行いました。三人のそれぞれが先ず一本の記事を翻訳し、その訳稿を他の二人がチェックをして訳者に戻し、訳者が最終稿を作成するというやり方でした。一本の訳稿に二人のチェックが入るやり方でしたが、残念ながらこのやり方はうまく機能しませんでした。三人の中の一人の作業が遅れると他の二人の作業が前に進まなくなるためです。最初の翻訳作業に遅れが生じた会員のところに、他の二人の訳稿のチェック作業も入ってきて遅れが積み重なってしまうのです。一チーム三人のやり方とは早々に決別し、一人が翻訳、もう一人がチェッカーになるというオーソドックスなやり方に変わりました（これが翌二〇〇七年に発行された第一冊目の『今、中国が面白い』に結実し、その後、毎年一冊を翻訳出版することとなり二〇一八年のＶｏｌ．一二まで続いています）。

このプロジェクトは元々三潴先生が発案されたもので、二〇〇六年の年初に而立会の企画として日本僑報社に持ち込まれました。レベル三〇を突破したとはいえ翻訳者としての仕事を得るにも経験・実績ともにゼロという会員がほとんどで、そうした会員をサポートするための修行の機会の提供というのが基本的な考え方でした。したがって翻訳・チェック・監訳・校正作業はいずれもボランティアで行うこととしましたが、プロジェクト参加者には出版された本一冊が贈られることと本の奥付部分に名前が掲載されるというささやかなご褒美が用意されました。現在もそうですが、もちろんプロジェクトのまとめ役もボランティアでなされました。二〇一〇年九月に而立会がＮＰＯ法人化する以前は会費も集めていませんでしたから、人民日報記事のコピーを訳者やチェッカーに送付する郵便には主に三潴先生が拠出してくださった切手を使ったり、出版後にプロジェクト参加者に本を送るために発生する送料を軽減するためにまとめ役も色々と知恵を絞りだしたりして対応していました。

『「氷点」停刊の舞台裏』の翻訳・出版

上述のように二〇〇六年四月一一日から人民日報記事の翻訳作業が始まったのですが、その一週間後の四月一七日、日本僑報社から中国語原文A四版八〇ページを緊急に翻訳して欲しいとの依頼が突然舞い込みました。当時、日本のメディアも大きく取り上げていた『週刊氷点』の停刊事件に関して、「中国青年報」の『週刊氷点』の編集主幹であった李大同氏が停刊処分を受けるまでの顛末を書いたものでした。四月五日から書き始めた顛末記だという文で始められていたので出来立てのホヤホヤの原稿だということはすぐに分かりました。五月の連休明けには出版したいという日本僑報社の熱意もあり、一六人が一人五ページの翻訳を担当するという体制が組まれ「人民日報翻訳プロジェクト」を一時中断し、こちらの作業に集中することとなりました。おおよそ以下のような経緯をたどり何とか出版に漕ぎつけました。


四月二三日（日）二四時　一六人の翻訳原稿提出の締め切り日。

四月二六日（水）一二時　事務局のチェック作業の締め切り日。

チェック作業を事務局の三人が分担しましたが訳語の最低限の統一などに思いのほか時間がかかり、四月二六日のこの締め切りまでにチェック済み訳稿を三潴先生に提出することはできませんでした。チェック作業の完了したものは五月のゴールデンウィークの前半・半ば・後半にかけて五月雨式に届けられたため、先生の監訳作業時間が削られることとなりました。

五月六日（土）　監訳作業が済み最終原稿を日本僑報社に提出。

五月一〇日（水）　日本僑報社作成の最初の版下（＝製版用の原稿）を事務局が校正し日本僑報社に提出。

五月一三日（土）　事務局が校正した二度目の版下を先生宅に届ける。

五月一五日（月）　先生がチェックし日本僑報社に提出。

五月二二日（月）　而立会の作業終了。即ち、日本僑報社作成の三度目の版下についても二度目の版下同様、先ず事務局が校正し、先生に届け、それに対して先生が最終チェックを行い、日本僑報社に納品し而立会としての作業が終了しました。

五月二五日（木）　日本僑報社、入稿（＝印刷会社に製版用原稿を届ける）。

六月八日（木）　日中対訳版として『「氷点」停刊の舞台裏』出版。本の帯には「世界に先がけ日本のみで刊行!!」というキャッチコピーがあり、日本僑報社が出版を急いだ理由はこの辺りにもあったのかと納得しました。

まとめ役としての事務局が担った校正作業も三潴先生が担った監訳作業もボランティアという位置づけでしたが、それぞれが使命感に燃え土日休日返上で行いました。しかしながら先生の監訳作業に割ける時間があまりにも短かったということもあり、出版後、一部の翻訳家や大学教授から訳語に関する疑問の声が日本僑報社に届きました。こうしたことへの対応も全て先生にお願いせざるを得ませんでした。

而立会が成立した頃のことということで幾つかの出来事を列挙しました。当時の先生は、大学での授業・ゼミの運営・週に一回のレベル問題の作成・毎週百数十名分のレベル添削・企業等に出向いての講演・一年に数冊の教科書出版・数冊の監訳・ご自身の研究発表等々を精力的にこなしながら、而立会の運営に関し常に新しい企画の提案をされては直ぐ試しに行ってみるということを繰り返されていました。それは現在に至るも何ら変わっていません。ただただ頭が下がる思いです。

以上

寺子屋が大海の灯台になる——而立会の旗揚げ

井田　綾

三潴先生との出会い

而立会が始まった頃のことを振り返れば、自然と私自身の歩みに重なる部分があり、しばし個人的な思い出を書き記すことをお許しください。

中国古代史学を専攻していた私は、博士課程在学中に高級進修生（大学院聴講生）として留学しました。すると、翻訳や第二言語習得論への興味が深まり、宗旨替えをして「翻訳家になろう」「中国語教師にもなろう」と決意するにいたりました。帰国後は方々に履歴書を送り、町の中国語教室を皮切りに、九段下の中国語研修学校、企業研修の海外放送センター（現グローヴァ）などで中国語講師としての職歴をスタートさせました。

なかでも、三潴正道先生が顧問を務められる海外放送センターは、書類審査と並行して面接と筆記テストが行われ、採用に関する真剣度は段違いでした。テスト後しばらくして分厚い書類が届いたので「採用決定か」と色めき立ったところ、書類審査合格者はさらに、採用するかしないか決めるための研修に出席せよとのこと。それから月一回半年間にわたる、さながら塾通いが始まったのです。

中国語学の正規トレーニングを受けていなかった私にとって、それは大学に再入学したかのような、貴重な学習機会でした。受講生にはネイティブも留学帰りもシニアもいる。みな採用される気で自信にあふれている。三潴先生はそんなクラスをまとめ上げ、講師としてのスタンスや、教室文法と研究文法の線引きを教えてくださいました。先生の研修それ自体が、教室運営や授業計画のまたとないお手本でもありました。無事に採用され、残る博士課程を消化しながら、企業研修などで教え始めたのが二〇〇二年のことです。

「レベルシステム」との出会い

この年には、麗澤大学三潴ゼミの学生を中心に、「レベルシステム」受講者がオープンカレッジや他大学からも集まる夏合宿に参加しました。レベルの授業といい、合宿といい、先生の熱弁で中国事情や構文読解を学べるのは、またとない機会でした。とはいえ、慢性的な腰痛持ちの私は、和室に座りっぱなしの合宿でぎっくり腰を発症し、翌年以降は参加を自粛しましたが。

このころ、レベルシステムはすでに二十年以上継続されていて、最高レベルが当初の一〇から二〇になり、また三〇に引き上げられたところだったと聞いています。レベル三〇になれば海外放送センターに翻訳者として登録できるというご褒美があり、みなそれを励みにがんばっていました。また、レベル三〇合格者の会をつくり、名のある人材集団として育てたいのだ、ということも先生はおっしゃっていました。私は立教大学の授業にモグって参加させていただいた一期と、通信で一期受講し、二〇〇二年の年末にレベル三〇合格を手にしました。

立教大学のレベルの授業が終わればちょうどお昼時で、先生は受講生と連れ立って、立教大学正門すぐの喫茶店「カーメル」でナポリタンを召し上がるのでした。そのメンバーには、やがて而立会の同期となる柳川俊之さんもいました。当時四年生で、卒業後に留学を予定しておられました。

さて、二〇〇三年三月に博士課程満期を控え、私は就職を考え始めます。中国語講師はやりがいも楽しみも大きいのですが、基礎体力に弱点のある私にとって、企業研修は移動時間が長く、終了時刻が遅く、毎日の外出先が異なり神経を使うといった点で過酷でした。そこで派遣専門職として非正規雇用の勤め人になろうと考えるに至りました。各勤務先に、四月以降の研修をお引き受けしません、と、挨拶したところ、光栄なことに、海外放送センターに入社しないか、とのお誘いをいただきました。在学中に三十歳を迎え、人より十年遅い社会人デビューでしたが、ついに好きな中国語で定職につける喜びをかみしめました。

而立会の誕生

まもなく入社という平成十五（二〇〇三）年春、実はいよいよレベル三〇合格者の会を作るから、と、打ち合わせに呼んでいただきました。懇親会を兼ねて合格認定式を行い、認定証書と認定バッジも授与する。ついては会の名前を考えたい、とのこと。海外放送センター近くのカフェでわいわいと話し合いました。合格者が翻訳者としてどんどん活躍できるようにと先生が「昇竜」とか「飛翔」といった例を出され、それじゃあ地方の暴走族ですよ、と笑い合いながら知恵を絞りました。もし而立会が「ドラゴン何某」という名前だったら、果たして今ほど人が集まったでしょうか。

その少し前に、どなたかに「あなたはもう三十なのか」と尋ねられ、それがレベル三〇の話なのか年齢の話なのか迷ったことがありました。そうだ、レベル三〇を突破したことが認定基準なのだから、三十という数字に関連した名称がいい、と思いつき、そのエピソードをお話ししてみました。すると、「そうだ、三十にして立つ、だ、而立だ」ということになり、その場にいたメンバーの総意として「而立会」という名称が生まれました。

そのとき同席していたのは、三潴先生のほかに海外放送センター社員の田村美華さんと土屋哲男さん、私の四名だったと記憶しています。土屋さんは麗澤大学の三潴ゼミ出身で、すでにレベル三〇を突破していました。もう一人、立教大学の柳川さんも突破され、現在は大連でホームステイをしながら留学中である、まもなく帰国したら六月から同社に勤める予定、とのこと。認定証書の制作や懇親会場手配など事務的なことは同社が担ってくださることになりました。厳しい競争にさらされる企業にあって、収益に直結しない公益的な事業に支出を決めたのは、中国語部門の山口政宏さんと齋藤達也さんのご勇断だったと思います。初期の突破者三名も偶然ながら同社の社員、或いは就職予定者であり、最初期の而立会は海外放送センターと切り離しては考えられません。春の西新宿で行われた初の認定式も、会社ビル一階の中華料理店「上海」が会場となりました。ちなみに同社の山口さんはウン十年前に麗澤大学で三潴先生の教えを受けた方ですし、その春に三潴ゼミを卒業する中村典子さん（旧姓嶋倉さん）も就職予定で、同社の中国語部門は三潴先生とたいへんつながりの強い陣容でありました。

会議室で学習会

会員数がまだ二十名に満たない頃は、会議室を借りて翻訳勉強会が開かれました。三潴先生が用意された中国民話をあらかじめ翻訳し、出席者の翻訳を読み比べながら、翻訳の注意点や心構えをお聞かせいただくのです。人民日報の短文で育っているレベル出身者にとって、もっと長く、畑違いで、しかも子供向けのお話を翻訳するのは、かなり骨の折れることでした。

当時はインターネットが普及して十年ほどです。パソコンはあるがメールとワープロ以外はよく分からない、という人も多い時期でした。Google はグーグルと読む、というところからネット検索のコツをお伝えしたような覚えもあります。

数人ずつのグループに分かれて、社会科学論文の翻訳に取り組んだこともありました。たしか日本僑報社からの依頼だったように思います。私は平野紀子さん、葛城文さん（旧姓石原さん）と三人で中国の社区建設に関する論文を担当しました。何千字もある原稿を翻訳するのもまた初めてで、冬山登山に挑むような気持ちです。五里霧中ながら、作業の段取りやスケジュール組み立て、訳語の統一などを相談し、ついに完成に漕ぎ着けたと記憶しています。その論文翻訳は日の目を見ませんでしたが、初めて而立会の名が記載された記念すべき『ジャパン スナップ――北京日報東京支局長として過ごした一〇年間』（三潴正道監訳、大場悦子、清本美智子、野村和子訳、二〇〇五年九月、日本僑報社）が刊行されたのは、この時期のプロジェクトです。

インターネットの活用

せっかくレベル三〇を突破した優秀な学習者が集まっているのだから、もっと恒常的に翻訳学習をする機会が作れないだろうか。三潴先生をはじめ会員にそんな思いが高まってきて、メーリングリストを利用した翻訳勉強会を提案しました。二週間一サイクルで、三潴先生には二週間ごとに出題と講評のご負担を強いるため、恐縮しながらのお願いでしたが、ご快諾いただき「メール学習会」が誕生しました。その後開催サイクルを変更しながらも、現在まで快調に継続しているのは、無報酬のままご尽力くださっている三潴先生と、熱心に訳文提出を継続されている会員諸氏、事務作業を引き受けてくださった歴代担当者の皆さんのおかげです。

この時、メール学習会の連絡を主目的として、会員のメーリングリストを編成し、課題の掲載場所としてウェブサイトも開設しました。第一回のメール学習会が二〇〇五年六月開催ですから、その少し前のことだったはずです。メーリングリストとは何ぞやという説明が必要で、基礎から解説したページも用意したのが懐かしい思い出です。

また、「レベル」の問題も紙媒体のままではなくサイトで見られるようにすれば、レベル三〇突破者である会員にとっても素晴らしい学習素材になるに違いないと考え、過去問と参考訳文を掲載するページを設けました。これも最初は一人でコツコツ入力していましたが、やがて大勢の会員に校正・入力を担っていただくようになりました。

ウェブで閲覧する会報「達雅」の発行を始めたのもこの時です。而立会の発足以降、語学学習者と翻訳学習者の間には、いわば業界知識の溝があることを感じていました。中日翻訳の基礎テクニックや、出版物の原稿を入稿するための体裁といった知識を、少しずつ会員が共有していけるような場が必要だと思ったのです。年四回発行で、三潴先生の巻頭言と柳川さんの連載など、原稿執筆でもたくさんのわがままをお願いしましたが、原稿集めや編集制作でも、多くの皆さんにご協力いただきました。

それまで、「レベル」受講生は、三潴先生ご教授先の大学と麗澤大学オープンカレッジの受講生、そして私のように個人的にお声をかけていただいた者に限られていました。ウェブサイトができて、レベル講座の紹介を掲載したこの時から、未知の学習者がインターネットを通じてレベル講座の存在を知ることができるようになりました。折からインターネット利用自体もかなり普及し、新しい受講生が何人も現れ会員になってくださったのは、とても嬉しいことでした。

書籍の力

『ジャパン スナップ』の刊行からまもなく、二〇〇六年一月に中国青年報付属紙「氷点週刊」が突然停刊させられるという事件が起こりました。ほどなくして「氷点」前編集主幹の原稿を入手した段躍中編集長から、而立会で翻訳しないか、と提案がありました。

池袋の日本僑報社で話をうかがい、近くのレストランで食事をしながら頭を突き合わせたのは、三潴先生と、柳川さん、私、そして入会早々事務局長をお引き受けくださった金子伸一さんだったと思います。段編集長はとにかく急いで出版したい。三潴先生も引き受けたい。而立会が団体として信頼を得るための布石として引き受けたい、と私も思いました。しかしスケジュールは大変厳しい。会員の翻訳力が十分なのかどうかも不明。大局的に見れば引き受けないほうがよい、と金子さん。情勢分析に長けた金子さんは、新規事業に積極的な三潴先生や私が暴走しそうなところをいなして下さるという、言葉通り重鎮の役をその後もずっと果たしてくださいました。

メリットもデメリットも検討した末に、薄氷を踏むような思いで引き受けた翻訳は『氷点』停刊の舞台裏――問われる中国の言論の自由』（三潴正道監訳、而立会訳、二〇〇六年六月、日本僑報社）として結実しました。が、なにしろ突貫スケジュールで、翻訳もチェックもリライトも、全員が大変苦しい仕事でした。慎重を期すべきとおっしゃった金子さんの予感も正鵠を得ており、続編をお引き受けになった武吉次朗先生から、段編集長経由で重要なご指摘をいくつか受けたとのことでした。

それがご縁なのか、二〇〇六年十一月と二〇〇七年一月には、翻訳勉強会に武吉先生をお招きし、中日・日中翻訳のポイントについてお話しいただいたことがあります。二〇〇七年四月の而立会総会にもご登壇願って、ご自身の経験や翻訳者としての心構えをお話しいただきました。

そして人民日報翻訳プロジェクトで、『必読！　いま中国が面白い』シリーズの第一号が出たのが二〇〇七年六月です。準備作業は二〇〇六年度から始まり、次第に翻訳チームとしての而立会の体力もついてきたように思います。

これらの書籍の読者から、ウェブサイトに問い合わせが入ることも増えました。やはり書店の店頭に本が並ぶということには、すごい力があるものだと実感しました。

持続性のある活動へ

当時私は体調を崩して海外放送センターを離れ、少々休養したのち東方書店に転職し、編集や翻訳を学んでいました。再び好きな業界の職に就けたことや体調が持ち直したことが嬉しくて、而立会の活動もずいぶん張り切ってあれこれ取り組んだものです。会社勤めの業余でありすべて手弁当でかなりの時間も割きましたが、楽しいばかりで苦になりませんでした。ところが、二〇〇六年の夏には再び、出勤できないほど体調が悪化し、メール学習会の事務、会報の事務、レベル入力、色々なことが滞り始めました。その異変にいち早く気づいた岡田英久さんが会報制作を肩代わりしてくださったのを機に、会報以外の仕事も多くの皆さんに分担していただくようになりました。私は一年間の傷病休暇を取った後、退職してフリーランス翻訳者として多忙になり、出産も重なり、この時期の会議にはほとんど出られませんでした。

それは今思えば、而立会が少数の個人の奉仕によって支えられる段階を過ぎ、団体として成長し、次のステージに移行するタイミングだったのでしょう。その後何年もかけて法人化が検討され、二〇一〇年にＮＰＯ法人而立会が旗揚げしたのはご承知の通りです。煩瑣な事務手続きには唐木陽子さんはじめ何人もの方が奔走してくださったと聞いております。

三潴先生がつねづね「僕があの世にいっても継続できる団体運営を」とおどかしておられるように、三潴先生お一人のカリスマに頼らない道を模索しながら、法人化、そしてその後の組織整備が進みました。いまは三潴先生が私たち会員を導いてくださいますが、而立会自体が中国語翻訳者の灯台となって、良書の紹介、異文化理解の窓口として斯界を照らす様が見てみたい、いや、そうならなくてはならない、と思います。

ナポリタンとオムライス

柳川 俊之

僕が三猪先生に出会ったのは、世の中がやれ世紀末だミレニアムだと騒いでいた、二〇〇〇年の春だった。大げさに言えば、二〇〇〇年代の歴史が、僕が三猪先生にお世話になってきた歴史ということになる。

大学三年生になった僕は、中国語と吹奏楽サークル、そしてその頃隆盛を極めていたオレンジ色のスーパーマーケットでのアルバイトに明け暮れる毎日だった。第二外国語で始めた中国語にはいつしか専門の日本史以上にのめり込み、二年の必修期間が終わった後も当然のごとく中国語の自由選択科目を履修するつもりでいた。自由選択科目は複数あったような気がするが、もともと英語のテストで凝った日本語訳をつけるのが好きだった（そのせいで減点されたこともあったかもしれない）僕は、読解講座である三猪先生の授業を選んだ。名字が珍しいというのも、目に止まった理由の一部にあるかもしれない。

かくして臨んだ四月の最初の授業。新学期というのはなにかとワクワクしたものだが、特に新しい中国語の授業には期待を持っていた。どちらかと言えば普段は教室の後ろに座るタイプの僕が教室の一番前に座って待っていると、やがて先生がドアを開けて入ってきた。

――えっ、マチャアキそっくりなんだけど……

それが、なんの脚色もない率直な、僕の三猪先生に対する第一印象だった。こんなに堺正章に似た人を見たのは初めてだったので少々ソワソワしていると、先生が口を開く。

「どうも、ミツマです。堺マチャアキではありません」

うわっ、本人も分かってるんだ……まずそう思って驚いたことを、約二〇年経った今もよく覚えている。その衝撃的な一言が、僕にとっては三潴先生の軽妙洒脱なトーク、そして気さくな人柄に初めて触れた瞬間、当時中国で流行っていたネット小説的に言えば「第一次親密的接触」だったのだ。

確か三潴先生の中国語講座では、初めて受講する人は最初の半年は「現代中国放大鏡」のテキストの読み合わせをしていたと思う。週一回、金曜日の四限の授業だったが、徐々に顔を覚えてもらい、話をするようになった。先生の授業はとにかく僕にとっては魅力的で、大好きな中国語に触れられるほか、うまい訳をすると先生が褒めてくれたし、とにかく先生の解説がおもしろい。

秋からはいよいよ「レベル」が始まり、やればやるほど先に進め、順位表に自分の名前が乗るシステムは僕のモチベーションを大いに高めた。今になって考えてみると、子どもの頃にやっていた公文式のシステムに似ていた。きっと僕はこういう学習システムが好きだったのだ。

かくして教室の中で先生に名前と顔を覚えてもらった僕だったが、教室以外にも僕と先生を結びつける「運命の場所」があった。それは、立教大学正門の目の前にあった喫茶店「カーメル」だ。僕と三潴先生の話をするうえでカーメルは絶対に外せない。だって、先生は僕の結婚式のスピーチでも触れてくれたのだから。

僕はもともと「立教大学庶民吹奏楽団」という実に庶民的な吹奏楽サークルで活動していた。カーメルのマスターは、一九八八年の創団のころから世話人的な役割を担ってくれた「おやっさん」的な存在で、代々の団員がここに入り浸って時間も授業も忘れておしゃべりしてきた。僕もその一人で、昼休みにはここにやってきて名前通りの「ジャンボオムライス」を平らげるのが好きだった。

ある日、いつものようにカーメルを訪れると、マスターに一番近いテーブル席に先生が座り、ナポリタンを食べている。そしていそいそと食べ終えると、ぶつかったら痛そうな黒い大きな四角いカバンをガバッと開き、人民日報を取り出して切り抜きを始めた。そう、三潴先生もカーメルの常連だったのだ。

それ以来、僕は毎週のように三潴先生とカーメルで会い、教室で会うようになった。僕はほぼ毎週オムライスを食べ、三潴先生はナポリタンを食べる。一緒にカーメルを出て教室に向かったことも数知れない。そして大変恐れ多いことに、何度もオムライス代を奢ってもらった。「いいのいいの、この人は扶養家族みたいなもんだから」と笑いながら僕の分までお金を払う先生を見るたび、申し訳ないと思うとともに（それが表情や態度にちゃんと出ていたかどうかは分からない）、もっと中国語の勉強をがんばろう、という気になったのである。

やがて社会人となった後も、しばしば三潴先生とカーメルで食事をする機会はあった。しかしその時には以前のように奢ってくれることはなく、自分でオムライス代を支払った。「何言ってるんだ甘ったれるな社会人なんだからそんなの当たり前だろう」とお思いになるだろうが、全くもってその通りである。もちろん僕だって奢ってもらおうなどとは思わなかった。ただ、その時に「ああ、学生時分には先生は本当に自分のことを扶養家族だと思ってくれていたんだな。そして今は社会人として扱ってくれているんだな」と感じたのである。

大学で二年半お世話になり、その後の留学のお世話もしていただき、就職までお世話になった。海外放送センターで働いていた時期も大変お世話になり、退職後にほぼフリーの翻訳者として活動する中でも常に気にかけて頂いている。麗澤大学のゼミ合宿にも何度お邪魔したことか。思い返せば返すほどお世話になりっぱなしの約二〇年だが、全く恩返しができていない。

以前、先生とお話をしていた時に「定年退職したら古代中国の小説を書いて、関わりのある人たちを登場させたい」とおっしゃっていたことがある。退職されてもなお精力的に活動を続けられる先生に「あの話、どうなりました？」と聞くのは到底憚られるが、この元「扶養家族」がどのような設定で登場するのか、楽しみに待ち続けている。

三潴先生の古稀のお祝いに寄せて

山口 政宏

三潴先生、このたび古稀をお迎えになり、誠におめでとうございます。心よりお慶び、お祝いを申し上げます。

弊社（旧社名：㈱海外放送センター）は、「日本企業の国際化に対応するための人材育成」を目的に一九七八年に創業され、現在では大手企業約五〇〇社に英語／中国語／異文化コミュニケーション研修を提供させていただいています。

私は一九八五年三月麗澤大学中国語学科を卒業後三年間、小さな対中国専門商社に勤務したのち、縁あって八八年当社に入社いたしました。入社して五年目の一九九三年のある日、先代の創業社長から呼出され、中国語研修事業の新規立上げを命じられました（それまで弊社は英語研修事業のみ）。

突然のことに戸惑った私はとりあえず母校に三潴先生を訪ね、相談に乗っていただくことに。

学生時代、〝劣等生ほど目をかけてくださる〟三潴先生には大変お世話になった私。卒業後も結婚式で仲人をお勤めいただいたこともあり、お付き合いを続けさせていただいておりました。

企業向け中国語研修事業立ち上げの話をしたところ、先生は即「面白そうだ！　一緒にやろう！」とご快諾をいただき、諸準備ののち翌九四年に中国語研修を開始しました。

当初の数年間はトライ＆エラーの繰り返しで、三潴先生自らも講師として企業に出向いていただいたりと、経験やノウハウを積み重ねることを重視しました。

私たちがタイミング的に大変恵まれていたと思うのは、二〇〇一年の中国／台湾のＷＴＯ加盟による、以降の日本企業の中国進出の大ブーム以前に、多くの経験を重ねることができ、様々な研修ノウハウを確立できたことです。

その中でも特に出色なのは、三潴先生が考案、主導された「講師の採用、養成、査定システム」です。「今までにない、世の中でベストの中国語研修事業にしよう」とのご指導下、他に例をみない画期的なシステムを構築することができました。これは、現在に至るまで弊社が、対企業講師派遣研修分野において質／量ともに業界をリードしている一番の要因です。

当該システムで養成された約一〇〇名にのぼる優秀な講師陣によるレッスンはクライアント各社受講者から非常に高い評価を受け、大きな貢献を果たしていただいています。

近年、先生と私が特に力を注いでいるのは、先生のライフワークでもある「論説体中国語読解力養成講座（レベル）」の普及です。特に、中国における当該講座の反響は想像を超えるもので、中国外文局日本語系職員の夏季研修講座の指定を受けたり、北京外国語大学大学院では単位認定講座にも選ばれました。また、日系企業に勤務する中国人社員を集めた特別講座には定員を大きく超える一〇〇名以上の参加希望がありました。

古稀を迎えられても常に前向きに明るく、益々意気揚々と精力的に活動をつづけていらっしゃる三潴先生の勢いに煽られ、たじたじの私ですが、先生に負けずにこれからもサポートを続けさせていただければそれに勝る幸せはありません。

麗澤大学に入学し三潴先生と出会ってからすでに三八年余、楽しい時も苦しい時も常に寄り添ってくださり、支えていただきました。

この機会に改めて心からの感謝をお伝えしたいと思います。三潴先生、本当にありがとうございます。相変わらずの劣等生ですが、これからもどうぞよろしくお願い申し上げます。

麗澤大学における三潴正道先生のモニュメント

松田　徹

先ずは、三潴先生が古稀を迎えるにあたり、お祝いを申し上げます。また、先生は今年度をもって、長年にわたり立たれていた麗澤大学の教壇から退かれます。長い間ほんとうにおつかれさまでした。

先生の身近に接してきたものとして、いささかでも、先生の麗澤大学における足跡を振り返ることができればと思い、筆をとった次第です。

私などが言うのもおこがましいですが、三潴先生の中国語教育メソッドの双璧は、「レベル」と「ラインアップ」でしょう。

「レベル」すなわち「レベル式」による読解力養成は、先生が心血を注いできた教授法です。現在も毎年テキストが出版され続けており、特にそのエッセンスは、『論説体中国語読解力養成講座』（東方書店、二〇一〇年）に結実しています。すでに確固とした評価を得ており、先日たまたま『中華生活文化誌（ドラゴン解剖学　竜の生態の巻）』（関西学院大学出版会、二〇一八年）という本に目を通していたところ、「読解力を高める」には同書で経験を積むことが必要、と書かれていました。

一方、「ラインアップ」は、会話の中で多用される中国語の短いフレーズを、ゲームのように競いながら覚えていくものです。「ラインアップ」による反復練習のおかげで、留学当初の会話もなんとかしのげた、という話をよく耳にします。同窓会などで、卒業生の多くが大学時代をふりかえる時、決まって「レベル」と「ラインアップ」のことを話題にするのも、役に立ったという実感があるからでしょう。

同窓会の話が出ましたが、そこでは留学のことがよく話題になります。中国語学科（現在は中国語専攻）の学生にとって、留学体験は大きな財産だからです。麗澤大学が、全国の大学の中で海外留学に先鞭をつけ、留学制度がいち早く開拓されたのも先生の努力の賜物といえるでしょう。

留学制度のように、教場以外での先生のお骨折りは、それこそ枚挙のいとまがありませんし、ここではくどくど述べません。ただ、常に学生ファーストで諸事をなされていたとお伝えし、その中で私が個人的に一番影響を受けたことだけ記します。

何回か、学生を引率して、中国或いは台湾での研修旅行にお供しましたが、その折の学生に対する面倒見のよさには感心したものです。また、教室内外における学生の様子をとてもよくご存じで、麗澤出身者でない私などは、赴任当時、「この先生はどうしてここまで学生のことをよく知っているのだろう」と驚いたのを記憶しています。私自身、いまでこそ、「入学式までに学生の名前は全部覚える」などと豪語していますが、先生の足元にも及びません。しかし、学生のことをよく知る、これは私が先生から受けたいちばん大きな影響かもしれません。

以上、だらだらと駄文を連ねましたが、三潴先生の麗澤大学におけるモニュメントの一部にでもなれば幸いです。

中国における「民間貸借」の発展とその論理

陳　玉雄

はじめに

ここ数年、中国の経済システムに対する評価が二極化しつつあるように見える。すなわち、中国政府が「社会主義市場経済」をかろうじて主張し続けるうちに、突如として、既存の資本主義に対する「中国モデル」、「ワシントンコンセンサス」に対する「北京コンセンサス」（ステファン・ハルパー二〇一一）が囁かれるようになったのである。これに対して日本では、国民感情の悪化もあり、本屋の店頭に並ぶ中国関連図書の表紙に、中国経済が明日にも崩壊するなどの感情的論説が踊っている。一方、最近出版された中国経済に関する代表的な著書を見ると、『国家資本主義の光と影』（加藤ほか二〇一三）と『世界を変える大衆資本主義』（丸川二〇一三）に関して論争の白熱化が期待されたが、そこへ「中国経済論」から「中国経済学」への進化を遂げようとする、「曖昧な制度」（加藤二〇一六）論も飛びこんできた。また、これまで中国経済の成功をもたらした最大の要因とされる「漸進的な市場化」に対して、「二一世紀に入ってからの中国は、漸進的な市場化の動きを鈍化させ、国有経済が増強し民有経済が縮小局面が現れた」という「国進民退」現象（加藤ほか二〇一三、四頁）の指摘がいまだに議論を呼んでいる。この中で、「切っても切れない隣人と付き合うには」、「歴史から解き明かす中国の論理」（岡本二〇一六）は、中身を変えながら数千年続いた中国社会の二重構造に光を当てる。

筆者は、これらの議論に参加することができないが、同じく二重構造となっている中国金融システムの一翼を担う

「民間」の論理を明らかにすることを試みたい。公的金融を中心とする公式金融の整備に拘る中国政府にとって、あまり歓迎されない存在である「民間金融」の中心的な形態である「民間貸借」は、民間企業とともに大きく発展してきた。その発展には独自の論理があるだろう。

一、「民間金融」と「民間貸借」

(一) 公的金融の整備

計画経済期の中国経済の重要な特徴の一つは、金融の不在であった。唯一の銀行である中国人民銀行でさえも、財政部（財務省）に一体化され専ら政府と国有企業の収納機関としての役割を担うにとどまっていた（樊・岡一九九八、二一頁）。一九七〇年代末から一九八〇年代前半まで金融機関の整備を内容とする改革が行われ、まず中国人民銀行が財政部から独立し、次に四大国有専業銀行（後の国有商業銀行）が中国人民銀行から分離・新設された。この時期では、公的金融はほとんど国有専業銀行であるため、国有専業銀行や農村信用合作社以外の金融活動は「民間金融」になる。一九八〇年代半ばから、国有商業銀行の補完として地方政府と国有企業によって設立された株式制銀行（日本の地方銀行に近い）十数行が公的な金融の新たなメンバーとなった[1]。また、銀行類金融機関の他、証券会社、証券取引所、保険会社などの公的金融が新設され、銀行などものちに上場或いは民間資本を受け入れ、強化された。さらに、一部純粋の民間資本の金融機関も認められるようになった。

銀行類金融機関とは、中国銀行業監督管理委員会から金融業営業許可が発行された金融機関のことで、公式な金融機関と認定されている。二〇一八年八月三一日に銀行業監督管理委員会のホームページで確認した金融業営業許可書の交付状況は、以下の通りになる。政策性銀行二行（分支店を含め合計二二三二許可、以下カッコ内同じ。総行（本店）以外に、中国農業発展銀行は県レベル支行を中心に省・市レベル分行も許可されている。中国進出口銀行は省・経済特区分行が許可対象になる）、開発性金融機構は国家開発銀行一行四二許可、商業銀行一五三八行一九万七五一二許可、農村合作銀行三一行（九二三許可）、村鎮銀行一六〇〇行五五一三許可、郵政貯蓄営業所二カ所・許可、資金互助社四七社・許可、財務公司（ファイナンスカンパニー）二四八社二八四許可、金融リース公司六九社七一許可、自動車ローン会社二五社・許可、マネーブローカー会社五社・許可、金融資産管理会社四社一一三許可、信託会社七二社・許可、農村信用合作社一七四社二万一六五六許可（農村信用合作社の上部組織である省レベル連合社二五社、地区レベル連合社二二社、県レベル連合社八四三社、農村信用合作社の下部組織である分社一万九三八一社、貯蓄営業所一〇九四カ所、サービスステーション等一一七カ所）、貸出会社一三社・許可、消費金融公司二二社・許可である。上記の諸金融機関では、政策性銀行、開発性銀行と金融資産管理会社が一〇〇％政府出資である。商業銀行は、零細銀行など一部を除き、上場とその他の形で民間資本を受け入れているが、ほとんど実質上公的資本に支配されている。設立時の出資先を見ると、中央政府か、地方政府か、国有企業かの区別があるものの、国有商業銀行、株式制銀行は公的資本によって設立されている。城市商業銀行も地方政府が出資した上、既存の城市信用合作社（市街地信用組合を名義とする零細銀行）を合併して設立されたものである。農村合作銀行は実質上、末端の地方政府が運営する農村信用合作社が合併してできたものである。二〇〇〇年代後半から新設された貸出会社は既存の銀行が全額出資、村鎮銀行は同じく既存の銀行が筆頭株主になることが設立の条件となっている（陳玉雄二〇一〇、二〇四頁）。信託会社は地方政府などが設立した国際信託投資公司から再編されたものが多く、財務公司はほとんど国有企業のファイナンスカンパニーである。残されるのは、ここ一〇年ぐらいの間に新設された零細金融機関の資金互助社（農村信用組合）、消費金融会社、金融リース会社と自動車ローン会社しかない。

このように、一九七九年以降中国の金融システムの整備は、まず中国人民銀行の財政部からの分離、国有専業銀行などの国有金融機関の復活・新設から始まり、次に株式制銀行などの地方国有金融機関の創設、証券市場の復活を経て、最後に一部純粋な民間資本の金融機関の容認に発展した。しかし、公式な金融システムの主体はあくまでも公的資本とその支配下の金融機関である。

（二）民間金融の復活

中国の「民間金融」(2)という語は、法的に公式に認められていない金融主体とそれらの金融活動を指す。「民間信用」、「民間融資」、「非正式金融」、「非正規金融」（インフォーマル金融、非公式金融、非制度金融）、「体外循環金融」（体制外金融）、未観測金融、地下金融なども呼ばれている。上記の名称は、「未観測金融」が公的な統計に観測されていないものを指し、「地下金融」というとき違法性を強調する以外、同じ意味だと考えても問題がないだろう。日本では、「民間金融」とインフォーマル金融は全く違う。すなわち、金融の主流はあくまでも民間金融である一方、インフォーマルな金融というと、いわゆる闇金融或いは「地下金融」のイメージが強い。これに対して、中国では「民間金融」とインフォーマル金融（「非正式金融」という）は、経済全体、とりわけ金融業界における「官方」優位を背景に、等しく公的に認められていないものを指す。

謝毅（二〇〇五、一一～一二頁）は「民間金融」を、資金需要と法定金融組織による供給の間に存在するギャップにより、利益の最大化を最大の動機とし、法律に認められず監督管理をも回避し、個人信用を基盤に経済活動の中で活躍する金融の組織形態と金融活動と定義した。また、その特徴について、規模が大きい、資金の使途の範囲が広い、参加者が多様、利率の幅が大きいという四点を挙げた。

張元紅ほか（二〇一二、四五～四六頁）は、これまでの「民間金融」に関する研究をまとめ、以下のように主張する。すなわち「民間金融」とは、よく「内生金融」だとされるように、資金需要に刺激され民間で自発的に発生し発展した金融制度であり、「民間企業のために資金を供給するすべての非公有主体の金融活動」と定義できる。その特徴は「民間性」にあるが、具体的に以下の五点が挙げられている。①地方性、ときに社会性（「草根性」という。「草の根」で被支配階層による連帯・連携を指す）、②自発性、③総量が大きく、個別の規模が小さく、国家機関・法律以外のメカニズムに依存すること、④関係者間に高度な情報の対称性や完全性を有すること、⑤金融当局の監督が難しいことである。

「民間金融」の範囲について、政府部門、メディアや当事者たちだけではなく、研究者によっても捉え方に大きな違いが見られる。金融主体を「正規金融」、「違法金融」と両者の間にあるものに分けることは一般的であるが、「民間金融」が「違法金融」を含むかどうかは論者によって異なる。朱徳林・胡海鴎（一九九七、一～六頁）は、政府によって公式に認められた「正規金融」を「白色金融」と呼ぶ一方、「民間金融」を「黒色金融」と「灰色金融」に分ける。(3)「黒色金融」は現存する法律に違反するだけではなく、市場経済の発展にも適さず、常に違法であり、世界各国にも認められない。また、正規金融機関の違法業務を含む。「灰色金融」は、現存の法律では認められないが市場経済の発展に役立つものであり、すなわち中国において一時的には認められていないが、世界各国ではすでに認められている。これに対して、陳虎城（二〇〇五、三〇頁）は、「民間金融」は、正規金融と非法金融の間にある非正規金融であると定義している。また、姜旭朝（一九九六、一頁）は、「民間金融」を「非公有機関による、民間企業など（「民間経済」或いは「非公経済」という、自然人と私的法人を含む）などに資金を供給するすべての非公有の資金融通」とした。しかし、姜旭朝・丁昌鋒（二〇〇四）、はこれを法律・行政管理の視点から、「工商管理部門に登録されていないあらゆる金融方式」に訂正した。

このように、一般的には「民間金融」は朱徳林・胡海鴎（一九九七）のいう「灰色金融」と「黒色金融」の双方を含め、公式に認められていないすべての金融主体とその活動を指す。本稿は、「灰色金融」を対象とするが、このような一般的な見方に従い「民間金融」が「黒色金融」をも含むこととする。ただし、のちの変化を取り入れ、「工商管理部門への登録」ではなく、「金融監督機関の許認可」を最も重要な基準とする。すなわち、「正式金融」は「官方金融」であり、政府と国有企業など公的な機関が設立した金融機関とその金融活動を中心とするが、その補充として金融監督機関によって認可された民間資本の金融組織とその金融活動を含む。これに対して、「民間金融」或いは「非公式金融」は、公式に認められていないすべての「民間金融主体」とそれによる金融活動を指す。民間金融主体は、個人を中心にしながらも、民間資本による組織或いはネットワークを含む。ただし、中国銀行業監督管理委員会から金融業務営業許可書が発行されていない「小額貸款公司」（小口貸出会社）、本来の信用保証以外の業務に従事している「信用担保公司」（信用保証会社）など、部分的にフォーマル化されているものも当面「民間金融」とみなす[4]。

これらの「民間金融」に対して、「灰色金融」と「黒色金融」の区別が難しいこともあり、政府は「民間金融」を認めないという原則の下、少なくともその一部には経済発展における役割を認め、常時無視或いは黙認するが、一旦問題が発生すれば厳しい取締りに乗り出すというスタンスで臨んできた。しかし、時期、地域、さらに関係部門の責任者によって恣意的な取締りが行われることも少なくなかった。とりわけ、一九九七年のアジア金融危機をきっかけに公式な金融機関に対する管理が強化されると、「民間金融」にも厳しい態度で臨んだ。中国国務院（内閣）は一九九八年七月に、「非法金融機構和非法金融業務活動取締弁法」[5]を公布した。第三条で「人民銀行の許可なしに、預金、貸付、決済、手形割引、コール資金の融通、投資信託、金融リース、融資担保、外貨売買などの金融業務を営む機関およびその予備組織」を不法金融機関だと規定している。第四条で「人民銀行の許可なしに、①預金とその類似行為、②あらゆる名義での不特定多数のものを対象にする「集資」（資金集め）、③貸出、決済、手形割引、コール資金の融通、投資信託、金融リース、融資担保、外貨売買、④中国人民銀行が認定するその他不法金融業務」を不法金融業務と規定している。①、②および③に列挙された金融活動はほとんどの金融活動を含んでおり、さらに「④中

表1　一部の調査で見られた各地の「民間金融」の形態

民間金融の形態	主要分布地域
互助的貸借	全国各地
合会（無尽）	江蘇、浙江、福建、広東
「対縫」業務（又貸し）	東北地方
基金（ファンド）	陝西、山西
質屋、販売代理店	寧夏、広東、浙江
銀背、銭荘	浙江、福建、広東
民間放貸人（個人貸金業者）	遼寧、吉林、山東、浙江
信息公司（情報会社）	広東
資金互助会（信用組合）	山東
互助基金会（信用組合）	黒竜江
各種集資	各地
互聯性信貸交易（商流と連動した貸借）	浙江、内モンゴル、吉林
手形割引	山東、山西、浙江、江蘇、福建、広東
農民資金互助合作社	吉林

出所：張元紅ほか（2012）『中国農村民間金融研究——信用、利率与市場均衡』社会科学文献出版社、43頁（原資料は馮興元『中国農村内生金融発展与創新研究報告』未発表原稿、2005年3月）。

国人民銀行が認定するその他不法金融業務」という恣意的な規定があり、全体的に人民銀行の許可がない金融活動およびそれに従事するものはすべて不法となる。これに従えば、中国人民銀行（のちに中国銀行業監督管理委員会、証券監督管理委員会、保険監督管理委員会）の許可なしに行われるすべての金融活動とその組織は違法な「地下金融」、すなわち「黒色金融」になる。しかし、これらの「民間金融」は政府やメディアなどがいう「一部の地域」にとどまらず、表1に示される通り東南沿岸部を中心に全国各地に独自の論理で展開されている。

(三) 民間貸借の成長

このように、中国の金融システムは公式金融と「民間金融」という二つの階層によって構成されている。政府は、公的金融を整備するため、その補完となる私的金融を限定的に認める一方、公式金融機関以外の金融主体とその金融活動に厳しい態度で臨んできた。そのため、「民間金融」には取締りのリスクが常に存在する。これらの「民間金融」は、その形態から、後述の狭義の「民間貸借」、コミュニティー金融の「合会」（無尽）[6]とその他に分けることができる。そのうち、本来の「民間貸借」、すなわち仲介を伴わない「個人間貸借」或いは「直接貸借」は、救済的な役割、互助的な役割または中小企業の資金調達の役割を果たし（次節を参照）、政府によって容認されやすい。実際には、計画経済期にも相互に救済するための「民間貸借」が認められていた。「改革開放」以降、国有専業銀行を中心に公的金融機関が復活・新設された一方、「民間貸借」、「合会」などが民間に自発的に生まれた。これは、政府が設立・運営する「公的金融」と区別するため、「民間金融」或いは民間による信用供与の意味で「民間信用」、「民間融資」などと呼ばれるようになった。このように、「民間」の金融活動に対する呼び方自体には、肯定的意味も否定的意味も入っておらず、経済主体を区別するための名称であった。改革開放初期の「民間金融」は、人民公社時代に人民公社の救済機能を補ったものでもあり、互助的な性格を有し社会主義原則に反しないとされた。

しかし、この「民間金融」はある程度成長すると、政府および公的機関が運営するものに資源を集中するという秩序への妨害が危惧される一方、その利息収入等が「労働以外の分配」であり、「高利貸」も社会主義原則に反するとされ、批判されるようになった。政策金融或いは公的金融機関による金融が人間の血液循環に譬えて「資金の体内循環」と呼ばれ、「民間金融」による「体外循環」はあるべき姿ではないとされる議論が多くみられるようになった。さらに、高利貸などの部分が強調され、否定的な意味合いが強い「地下金融」として問題視され、多くのメディアに取り上げられるようになった。全体的にみると、これらの批判は、金利が高い、詐欺が多い、金融秩序を混乱させるという三種類に分けられる（陳玉雄二〇一〇、四九~五六）。この中で、政府の意を汲んだ司法部門も「民間金融」に厳しく対処するようになった。「民間金融」に関係する罪は、投機倒把（投機）罪、集資詐欺罪、非法吸収公衆存款（預金受入）罪、金融秩序破壊罪などがあるが、違法になるかどうかを判断されるポイントは、目的・対象・金利の三つになる。最初から生産資金の調達を目的としないものが集資詐欺罪、「不特定多数」を対象とするものが預金受入罪にかかる可能性が高いとされている。さらに、「抬会」（実質上のねずみ講）など「合会」の変種による混乱もあり、本来の「合会」

も取締りの対象になった。特に、「合会」が盛んに行われていた浙江省温州市、福建省福安県にはそれぞれ三回以上も大規模な取締りキャンペーンが数年おきに展開されてきた。最終的に、二〇一〇年一二月に最高人民法院（最高裁判所）が公布した「非法集資刑事案件の審理に適用する具体的な法律の若干問題に関する解釈」第二条の（十）に「民間の〝会〟、〝社〟などの組織を利用し違法に資金を受け入れた」ことを「預金受入罪に処す」との一文を設けた（国務院法制弁公室二〇一四、二七九頁）。これまで「合会」に対する厳しい態度を司法解釈の形で明文化した。すなわち、互助的なコミュニティー金融である「合会」という金融形態自体を否定している。このような政府態度の影響は、一部の研究者、とりわけ金融機関に勤める研究者にも見出すことができる。陳虎城（二〇〇五、三〇〜三二頁）は、「民間金融を合会、標会などの地下非法金融と簡単に混同する」ことを批判し、「民間金融」の正当性を主張する。その理由として、「民間金融」は「地下非法金融」とは本質的に違い、直接貸借が圧倒的に多い、ハイリスクを意味しない、その役割が社会に認められていることを挙げた。しかし、同時に「成熟した市場経済国」のＲＯＳＣＡを「規範的に運営されている」と持ち上げた。彼は「民間金融」の正当性を主張するため、「民間金融」を後述の「民間貸借」のうちの直接貸借を強調し、ＲＯＳＣＡ、「無尽」の仕組みと全く同じ「合会」を、ねずみ講の一面のみを見て批判したと考えられる。

このように、「民間金融」のうち、本来互助的な仕組みの「合会」が禁止され、大きなリスクを抱えるようになった。一方、「民間貸借」に対する政府態度は比較的に宥和的になる。(7) 小範囲における生産資金や小規模の消費資金の調達には、上記の「詐欺目的」や「不特定多数」の基準にかからないため、残されたのは金利規制だけであった。この金利規制は、一九九一年八月に公布された「人民法院の貸借案件審理に関する若干の意見」により銀行の同類貸出の四倍以下であれば、基本的に摘発されない。(8) さらに、「民間貸借案件の審理に適用する法律の若干問題に関する最高人民法院の規定」は二〇一五年九月一日から施行され、金利規制が大幅に緩和された。同規定第二十六条によると、約束した金利が年二四％までは司法で保護される。ただし、年三六％を超えた場合、超過した部分の金利は無効になり貸し手がその返還を請求できる。これに対して、二四％超三六％未満の利息は、支払いを拒否できるが、すでに払った分の返還請求ができない。

このように、他の「民間金融」の形態に比べ、「民間貸借」の取締りリスクは、政府が比較的に宥和的な態度を取ってきたため、相対的に小さい。そのため、その他「民間金融」関係者が自らの活動を「民間貸借」であると主張することが多くなり、公的な調査も「民間金融」全体を「民間貸借」と称するようになった。一九八六年から二〇年間にわたる中国共産党中央政策研究室と農業部（日本の農林水産省に相当）の合同全国農村固定観察点調査はその代表である。それによると、「民間貸借」の規模について、一九八〇年代半ばから二〇〇〇年代半ばまでで、農家の資金調達の七割前後（陳玉雄二〇一〇、二三頁）に達した。しかし、農家の資金調達先を銀行・信用社と「民間貸借」に二分しており、この「民間貸借」は明らかに公式金融以外の「民間金融」全体を指す。その結果、フォーマルな金融機関を通じて行われるもの以外の、すべての金融業者、金融業務および資金調達も「民間貸借」と称され、「民間金融」と全く同義に使われるようになった。このような学界やメディアにおける「民間貸借」という用語の混乱に対して、中国の学者の一部はその整理を試みた。姜旭朝（一九九六）は広義と狭義に分け、広義の「民間貸借」を「民間金融」の総称とし、狭義の「民間貸借」は民間経済における個人間の貸借活動を指すとしている。江曙霞ほか（二〇〇三、九九～一〇〇頁、一四頁）は、貸借双方による仲介（後述の「紹介」を含む）なしの直接貸借を「民間貸借」、「地下金融組織」などによる信用仲介を「民間信用」と呼ぶとともに、「民間信用」が「民営銀行」に発展する可能性を指摘している。しかし、彼らは用語の混乱の背景にある政府の態度とこれに対する「民間」の対応との関係を追究しなかった。

二、「民間貸借」の形態

「民間貸借」とは、民間における貸借関係を指す。「民間貸借」は、大きく各種の金融仲介業者を介する「間接貸借」と仲介業者を介さない「直接貸借」との二つに分けることができる。そのうち、直接貸借も、知り合いの範囲内における相対方式のものの他に、個人或いは紹介業者を通じて行われるものを含む（陳玉雄二〇〇九、三頁）。さらに、前述の通り広義の「民間貸借」は、「民間金融」全体をと同じように使う場合が多い（陳玉雄二〇一〇、二一頁）。

本稿では、特に説明しない限り「民間貸借」は狭義のものを指すこととする。すなわち個人或いは紹介業者を通じて行われるものを含め、個人・企業の間とその相互間（以下個人・企業間という）の直接貸借に限定する。その他に、仲介業者を介する間接的なものを含め、個人、企業の間とその相互間の貸借関係を、広義の「民間貸借」とする。また、公式金融以外のすべての金融業者、金融業務および企業・個人の資金調達活動を「民間金融」と総称する。以下、「民間貸借」の復活と発展の過程をみていくこととする。

（一）個人間直接貸借

中国では、狭義の「民間貸借」の他、コミュニティー金融の仕組み「合会」（無尽）、中国式銀行とされる「銭荘」などの貸金業者および遠隔地為替業者「票号」などが古くから発達していた。漢の時代（紀元前二〇二～二二〇年）には、すでに多くの貸金業者「子銭家」が存在し、長安には「子銭家」が組織した金貸市場があった（彭信威一九六五、二〇九頁）。清朝末期と民国初期には、自由貿易権、関税特権および治外法権などを獲得したにもかかわらず、外国商社「洋行」だけではなく、外国銀行も個々の「銭荘」[9]が発行した手形である「荘票」と、「銭荘」の業界組織が運営する手形交換所に依存せざるを得なかったのである（陳玉雄二〇一〇、一二四～一二五頁）。

しかし、一九五〇年代の社会主義改造によって私的な経済活動がほぼ消滅させられ、「民間貸借」を含む「民間金融」が存在する余地はほとんどなくなった。その中で、唯一無利息かつ個人間の直接貸借は計画経済期においても、困窮化した個人或いは家庭の救済を目的とするため認められていた。政府は、計画経済期において基本的に生産に直接貢献しない消費者金融を否定し、「他人の労働成果を搾取する」利息を全面的に禁止していた。また、一元的な財政配分システムの下、企業による資金調達の必要性がなくなり、商業銀行が中央銀行である中国人民銀行の一部門となった。さらに、唯一の銀行となった中国人民銀行でさえも、一時期財政部（日本の財務省に相当）の中に移転し財政部に一体化させられた。

　このように、経済の計画化に伴い金融部門全体が消滅した中、唯一個人への救済的な貸出のみが認められていた。これは、あくまでも親しい仲間うちでの生活困難者に対する救済的な貸出に限定され、自然人の間における直接的な貸借であった（陳玉雄二〇〇九、三頁）。この中で、冠婚葬祭などの消費資金の調達を目的とする個人間貸借が部分的に復活した。一方一部は、取締りの対象になる行商のための資金調達にも「悪用」された。いうまでもなく、これらはどれも小額なものであり、救済的或いは互助的な性格が強かった。そもそも、多額な貸出金を持つ裕福な個人或いは家庭が存在しなかったのである。また、農民たちのインセンティブを高めるため、集団労働体制の下、一時的に「自留地」が認められ、ほとんど無利息の少額貸借も親戚・友人の間で自発的に行われるようになった。さらに、一九七〇年代の改革開放期に入ると、農村部では一定の食糧上納を条件に「家庭請負責任制」が次第に実施され、「個体労働」或いは「個体戸」[10]（自営業）も認められ、農産物や手工業などの製品も「自由市場」で販売されるようになった。都市部も帰還[11]青年の雇用対策として、露店・屋台などの「個体戸」が推進され、「資本主義的な詐取」とされた私的雇用も「弟子入り」から始まり、次第に従業員七人までの「個体戸」が認められるようになった。それに伴って、生産資金の需要が生まれ拡大した一方、遊休資金が貸出され、個人間の直接貸借が盛んに行われるようになった。これらと同時に、消費資金の貸借も耐久消費財の普及に伴って、普通に行われるようになった。成人の中国人であれば、誰もが人に金を貸したり借りたりするものだと言われるほど、直接貸借が普及したのである。これらの資金貸借は、個人間の直接貸借から始まり、政府もその生産・生活における役割を認め、「民間自由貸借」と呼ばれるようになった。

しかし、直接貸借のうち、企業間貸借は「民間自由貸借」とされることがなく、表2に示される通りこれまで禁止されてきた。具体的に、一九九〇年一一月最高人民法院「共同経営契約紛争事件の審理における若干問題に関する回答」（法〔経〕発〔一九九〇〕二七号）、一九九六年六月中国人民銀行が公布した「貸付通則」、一九九八年三月中国人民銀行から最高人民法院経済審判庭への「企業間貸借の問題についての回答」などで、部門規則ではあるが、企業間貸借は繰り返し禁止されていた。二〇一三年九月最高人民法院奚暁明副院長の談話をきっかけに、ようやく一部法院の裁判で企業間貸借が認められるようになった。最終的に、前述の「民間貸借案件の審理に適用する法律の若干問題に関する最高人民法院の規定」第一条は、「本規定の言う民間貸借は、自然人、法人、その他組織の間およびその相互間において行われる資金融通行為を指す」とし、司法機関の裁判実務におけるガイドラインという形で企業間貸借が認められるようになった（吉佳宜二〇一五、一五六〇頁）。二〇一六年八月に中国銀行業監督管理委員会、工業・情報化部、公安部および国家インターネット情報弁公室が共同で公布した「網絡（インターネット）借貸信息中介機構業務活動管理暫行弁法」も、貸借双方とも「個人」に限定せず、「自然人、法人およびその他組織」を含む主体としている。このように、裁判実務においてだけではなく、部門法規においても「企業間貸借」が解禁される方向にあると考えられる。なお、「企業間貸借」が繰り返し禁止されたことは、シャドーバンキングの重要な形態として、商業銀行等による「委託融資」が発生した最も重要な理由にもなった。「企業間貸借」の解禁は「委託融資」の縮小につながるだろう。

表2　企業間貸借の有効性に関する法令

名称	公布者	関連条項
共同経営契約紛争事件の審理における若干問題に関する回答	最高裁法〔経〕発〔1990〕27号、1990年11月12日公布、同日施行	4(2)条:企業法人または事業法人が共同経営の一当事者として共同経営主体に投資するが、共同経営に参加せず、また、共同経営のリスク責任を引き受けず、損益にかかわらずに期限通りに元利を回収し、又は期限通りに固定利益を回収する行為は、表面的には共同経営であるが、実質的には貸借にあたり、関連の金融法規に違反するため、契約の無効を確認しなければならない。
「貸付通則」	中国人民銀行令1996年第2号1996年6月28日公布、同年8月1日施行	21条:貸付人は、中国人民銀行の貸付業務取扱許可を取得し、中国人民銀行交付の「金融機関法人許可証」または「金融機関営業許可証」を有し、かつ工商行政管理部門により審査確認の上での当期を経ていければならない。 61条:企業の間では、国の規定に反する貸借または別の名目による貸借融資業務を扱ってはならない。 73条:企業の間で、無断で貸借または名目を変えた貸借を行うときは、中国人民銀行が貸手に対して違法収入に応じ同額以上5倍以下の過料を処し、かつ中国人民銀行が取り締まる。
「企業間貸借契約の借入人が期限到来後も借入金を返還しない場合、いかに処理すべきかの問題についての回答」	最高裁法復〔1996〕15号、1996年9月23日公布、同日施行	企業間貸借契約は関連の金融法規に違反し、無効な契約である。
最高人民法院経済審判庭への「企業間貸借の問題についての回答」	中国人民銀行銀条法〔1998〕13号1998年3月16日公布、同日施行	「銀行管理暫定条例」第4条の規定によると、非金融機関が金融業務を取り扱うことは禁止されている。貸借は金融業務に該当するため、非金融機関の企業間においては、互いに貸借をしてはならない。 企業間の貸借活動は、我が国の市場経済を繁栄させることができないだけでなく、逆に正常な金融秩序を乱し、国の信用貸付政策及び計画の徹底執行を妨げ、投資規模に対する国の監督制御を弱めることになり、経済秩序の混乱を招く。このため、企業間で締結されたいわゆる貸借契約(又は借入契約)は、国の法律および政策に違反するものであり、無効と認定すべきである。
「民間貸借案件の審理に適用する法律の若干問題に関する最高人民法院の規定」	最高人民法院審判委員会(法釈〔2015〕18号)(2015年6月23日第1655次会議で成立)	第1条　本規定の言う民間貸借は、自然人、法人、その他組織の間及びその相互間において行われる資金融通行為を指す。 第11条　法人間、その他組織間およびこれら相互の間において、生産、経営の必要から締結された民間貸借契約については、契約法第52条、本規定14条に定める事由が存在しない場合、当事者が民間貸借契約が有効だと主張した時、人民法院はこれを支持すべきだ」。 第14条　以下の事由のどれかがある時、人民法院は民間貸借契約を無効に認定すべきだ。①金融機関からの融資を高利で又貸した場合、借入人が事前にこれを知り、又は知りうべき時。②他の企業から借り入れた資金又は自社の従業員からの集資で得た資金を又貸し利益を得る場合、借入人が事前にこれを知り、又は知りうべき時。③借入人が借り入れた資金を犯罪活動に利用することを貸出人が事前に知り、又は知りうべきであるのに貸し出した時。④社会の公序良俗に反する時。⑤その他法律、行政法規の強行規定に反する時。
「網絡(インターネット)借貸信息中介機構業務活動管理暫行弁法」	中国銀行業監督管理委員会、工業・情報化部、公安部及び国家インターネット情報弁公室2016年8月	本弁法の言うインターネット貸借は、個体と固体の間でインターネットを通じて実現した直接貸借を指す。個体は、自然人、法人およびその他組織を含む。

出所:吉　佳宜「最高人民法院による民間貸借に関する司法解釈について」(『国際商事法務』第43巻10号、2015年、1560頁)、最高人民法院ホームページ、中国銀行業監督管理委員会ホームページを参照に筆者作成。

張翔（二〇一六）によると、改革開放以前の温州では、直接借入の主な目的は生活消費需要を満足することにあり、親戚・友人の間で相互の理解と信頼関係に基づいて発生したのは当然であった。そのため、ほとんど無利息或いは低利率（返済時にはお礼する場合がある）、契約もいらず、迅速にでき、期間も様々であった。約束した期間に返済できなくても延期、一部返済、先に利息だけを返済するなどになる場合もあった。改革開放以降、主な目的が次第に事業資金の調達に変わり、主要な借入人も「個体戸」や私営企業の経営者になり、貸借双方の関係も親戚・友人に限らなくなり、貸借資金の規模が拡大し、一部の貸借には低利或いは市場利率の利息が徴収され、契約も結ばれるようになった。ただし、手続きが簡単、取引が迅速、期間の融通が利くなどの特徴は変わらなかった。また、企業は資金需要が増えたとき、多くの場合銀行・信用合作社の融資と民間借入を同時に拡大させるため、民間貸借の規模は銀行・信用合作社の融資の規模と正の相関関係にある（張翔二〇一六、二二一〜二二三頁）。これにより、温州の「直接貸借」は、改革開放以降だけではなく、計画経済期にも他地域に先んじて行われていたことがわかる。

（二）「民間紹介貸借」

次に、「個人・私営企業」が事業資金の調達のため「民間貸借」を利用するようになり、この需要を満たすことをビジネス機会とする紹介業者が生まれた。一九七〇年代末の改革開放以降「個体戸」に続き、「私営企業」も族生した。雇用を避けられない「私営企業」は、公営企業の名義借りから始まり、一九八四年に「公的な郷鎮企業」[12]の一部となり、一九八八年「憲法」で「社会主義公有経済の補充」、一九九九年「憲法」で「社会主義公有経済の重要な構成部分」となったのである（陳玉雄二〇一〇、一七九〜一八〇頁）。これらの「個人・私営企業」は、「民間貸借」を通じて事業資金の調達に乗り出した。このような貸借は、個人間貸借と後述の「紹介業者」を介したものを含めて、当時の比較的に緩やかな政策環境の中で「民間自由貸借」と呼ばれるようになった。

このように、「個人・私営企業」は、その存在自体が認められない時期もあり、資金、原材料および技術などの調達においてかなり制限されていた（陳玉雄二〇一〇、一七五～一八一頁）。資金面では、最初から国有企業や公的プロジェクトの資金調達を目的とする国有専業銀行（のちに国有商業銀行）からの資金調達には無理がある。また、名ばかりの協同組合で実質上地方政府が経営する農村信用合作社から資金を調達することも容易ではなかった。この中で、「私営・個人企業」、とりわけ創業してから間もないものは、自己資金の他「民間貸借」で資金を調達せざるを得なかったのである。まず、家庭副業の性格があり無限責任を基本とする「個人企業」は、法人資格を持たず銀行から借り入れることができないため、「民間貸借」から資金を調達するのが自然の流れであった。次に、私営企業やその他の企業も、生産手段の公的所有原則が維持され企業自体の存続が危惧される中、最初は企業主或いは株主が個人名義で、そのうちに企業名義で事業資金を借り入れるようになった。この中で、「民間自由貸借」は関係者によって、個人から企業への貸借まで拡大解釈されるようになった（陳玉雄二〇〇九、三～四頁）。なお、企業は個人から借り入れる場合、その資金調達活動が「不特定多数」からの「銀行預金業務」或いは「違法集資」とされる可能性があり、取締りリスクを冒すことになる。二〇〇三年五月に河北省徐水県にある大午農牧集団孫大午会長が「預金の違法受入」の疑いで逮捕されたのはそのためである[13]（陳玉雄二〇一〇、二〇二頁）。

しかし、これらの「民間自由貸借」はあくまでも親戚・友人関係など単一の個人ネットワークに依存して行うものであり、作れば売れる中で企業の事業資金の需要を満たすことができなくなった。そのため、単一の個人ネットワークを超えた貸借も、「銀背」、「銭中」などと呼ばれる紹介業者を介して行われるようになった。「銀背」、「銭中」は、自己資金を貸出していた個人から発展してきたものであり、民間の貸借双方の紹介を事業とする個人貸金業者を指す。ただし、これらの専業紹介人よりも、貸借紹介を副業的に行う紹介人も多いとみられる。これらの個人は、当初自己資金を貸出の原資にしていたが、やがて自己資金で対応できないものを自らの人的ネットワークを活用して紹介するようになった。その紹介も、最初手数料なしで行われたが、そのうち手数料を取るようになり、さらにはそれを自らの事業とするようになった者も現れたのである（陳玉雄二〇〇九、三〜四頁）。本稿は、このような紹介業者を介した貸借を「民間紹介貸借」と呼ぶ。紹介者が貸借の仲立ちだけではなく、場合によって保証サービスも提供する。なお、これらの紹介業者は、政府が公式な金融機関以外の金融組織や組織的な金融活動を厳しく摘発するため、あくまでも個人で自己資金を貸出し、個人で貸借双方の紹介を行う。このような個人主体原則は「民間金融」全体に言えるものであり、社会主義的な組合の性格を有するとされる「合会」が厳しく摘発されたのも、この原則から逸脱して組織的に行われていると見られたためだと考えられる。また、前項で見てきた個人間の直接貸借はもちろん、次項でみる貸金業者の仲介も個人が主な主体となっている。

紹介業者を介した「民間貸借」はどの地域にも存在するものであるが、経済が比較的に発達した東部地域では民間貸借の資金使途は主に生産活動になるのに対して、比較的に遅れている西部地域ではその資金が冠婚葬祭などの大型消費に使われる場合が多い（江曙霞ほか二〇〇三、四七頁）。そのうち、政府による取り締まりリスクを冒し、自己資金（自らの返済能力）を超えて自らの責任で資金を借り入れるものも出てきた。この場合、「銀背」などの名のままで実質的に下記の「銭荘」になったのである。また、李静（二〇〇六、三四九頁）によると、農村信用合作社の「信貸員」（貸出担当者）が「銀背」になるケースも少なくない。この場合、取引成功のカギは借手の信用ではなく、「信貸員」の信用にあり、その信用があったからこそ一部の貸手は、借手とは面識もないまま資金を貸出したという。

張翔（二〇一六）によると、温州の「銀背」は最初、ほとんど民間貸借における仲立ち人或いは保証人であった。これらの仲立ち人或いは保証人は、地方で比較的に声望が高く、個人の経済力も強い。早期の「銀背」は仲立ちと保証の費用を徴収せず、借入人は代わりに贈り物などで感謝を示すことが多かった。その後一部の「銀背」が貸借情報仲介人となり、貸借双方に情報を提供し、仲立ちで手数料を取るようになった。情報仲介人は預金を受け入れず、債

表3　形態別民間金融の活動範囲、性質、代償と担保方式

形態	活動範囲	性質	使用代償	担保・保証
個人間貸借	個人のネットワーク、概ね村内或いは隣村	互助的	無・低利が多い	ほとんどなし、暗黙的に個人間信頼
民間紹介貸借	紹介者のネットワーク、概ね郷・鎮	営利的	高利	一部担保・紹介者の保証、紹介者の信頼
合会	親のネットワーク、概ね村内或いは隣村	互助→営利	低利→高利	掛金・暗黙的にネットワーク内の信用
企業間貸借	郷鎮或いはそれ以上	営利的	高利が多い	ほとんど有り

出所：張元紅ほか（2012）『中国農村民間金融研究――信用、利率与市場均衡』社会科学文献出版社179頁を参照に、筆者作成。

権債務関係は依然として貸借双方にある。また、情報仲介人は場合によって、仲立ち人と保証人を務め、手数料と保証料を取る。さらに、一部の「銀背」は預金を受入れ、地下銭荘の経営者になった。その場合、資金保有者が随時に預け入れ、すぐに利息が計算される。一九八〇年代温州市瑞安県塘下区にはほとんどすべての村に「銀背」がおり、一部の集鎮は「銀背」が一〇人もいて、十数万の資金で三〇分から一時間で調達できた。楽清県楽成鎮では、年間一五〇万元ぐらいを貸出した「銀背」が十数人、銭庫鎮に同三〇〇万元ぐらいが十数人いた（張翔二〇一六、三三二～三四頁）。蒼南県宜山・銭庫鎮には「銭中」が三〇人以上おり、一「銭中」あたり預金残高が二〇万から三〇万元までの間にあった（張翔二〇一六、三三二～三四頁）。一九九二年八月瑞安市莘塍区に対する調査によれば、同区三〇近くの行政村、平均一村に一「銀背」がおり、一「銀背」あたり一〇〇万元ぐらいを貸出し、総規模が三〇〇〇万～四〇〇〇万元、同年の銀行・信用合作社の合計貸出規模に近かったことが分かった（馮興元二〇〇六、一四二頁）。

このように、狭義の「民間貸借」は基本的に個人間の直接貸借であり、一部業者などの紹介による貸借を含むが、その後業者による仲介などの広義の「民間貸借」にまで発展した。表3は仲介業者に発展する前の民間金融の諸形態とその活動範囲、性質、資金使用の代償および担保・保証などの面での特徴を示している。そのうち、紹介を介した貸借が次項に取り上げる仲介形態に最も近いと考えられる。なお、「合会」と「企業間貸借」は狭義の「民間貸借」の範囲外にある。

(三)「民間仲介貸借」

広義の「民間貸借」は、個人および「銭荘」などのインフォーマルな金融仲介業者を介する、個人・企業間における貸借関係を指す。一九八〇年代からの「銭荘」などは、ほとんど「銀背」、「銭中」などの個人紹介業者或いは「合会」(無尽)の親から発展したものであった。これらの業者は、そのまま「銀背」、「銭中」などと呼ばれるものも少なくなかった。金融紹介業者は、自己資金での貸出も行うが、あくまでも貸借双方の紹介により手数料を得るだけであり、リスクを負わない。また、貸出側からの連帯保証要求を受け入れるときもあるが、基本的に貸借双方の自己責任の下で紹介のみを業務とする。これに対して、「銭荘」などの「民間仲介業者」は、自己責任で常時に資金を借り入れ、貸出を行った。本稿は、このような「民間仲介業者」を介した貸借を「民間仲介貸借」と呼ぶ。前者は基本的に「直接貸借」、後者は「間接貸借」だと言える。なお、この時期には「銭荘」などの仲介活動が活発になるが、「民間自由貸借」も引き続き社会の隅々まで日常的に行われていた。二〇〇三年中国人民銀行温州市中心支行(支店)の調査によると、温州の「民間貸借」のうち友人の間の貸借は五一・五%、紹介者によるものは一〇・六%、「銀背」などの「銭荘」に近い組織の仲介によるものは七%であった(袁満・劉兆瓊二〇〇五)。

前述のように、狭義の「民間貸借」は、「詐欺」や「不特定多数」からの資金調達および「高利貸」を除き、経済発展に一定の役割を果たしているとされ、政府によって認められている。そのため、仲介業務を行う多くの「民間仲介業者」は自らの業務を「民間貸借」だと主張し、地方政府および地域の人々もその役割を認め、結果的にそれらの業務が意識的に狭義の「民間貸借」に含まれるとされるようになった。しかし、「銭荘」などの「民間仲介業者」を介して行われた広義の「民間貸借」は、借手と貸手との間に貸借関係がなく、借手と貸手双方にあくまでも「民間仲介業者」との貸借関係が発生する。この意味では、「民間」(公的なものではない)ではあるが、直接の「貸借」ではなくなり、本来の(狭義)「民間貸借」だと言えないものとなったのである。

一部の「民間仲介業者」は、自らを社会主義原則に合致する協同組合組織だと主張し、「農村合作基金会」、「金融服務（サービス）社」或いは「城市信用合作社」と名乗っていた。一九九〇年代末「農村合作基金会」は一部農村信用合作社に合併されたほかは、一律に閉鎖された。「城市信用合作社」の多くと「金融服務社」の一部は、「城市（都市）商業銀行」に発展的解消された。現在都市名を冠した商業銀行はほとんど都市商業銀行である。

また、「銭荘」などの関係者は、取締りを避けるため自らの資金調達を、銀行にしか認められていない預金業務ではなく、資金不足を補うための一時的な借入（すなわち正当な「民間貸借」）だと主張する。確かに「銭荘」が一時的な資金不足を補うため地域の有力者から資金を借り入れる場合もあるが、その業務は基本的に常時に利率を提示し、資金を「不特定多数」から受け入れるものであり、実質的に預金業務であると考えられる。張翔（二〇一六、三四～三五頁）によると、温州市では四つの銭荘が一般商工企業の営業許可を交付された。一九八四年九月二五日中国改革後最初の銭荘「方興銭荘」は、温州市蒼南県銭庫区政府の臨時工商営業認可を得て公開営業を開始した。しかし、結局金融監督部門の正式な承認を得ることができず、一九八九年自主清算して休業した。その他に、一九八五年に楽成銭荘、巴曹信用銭荘が数カ月間営業した。金郷銭荘は実際に営業したかどうか不明である。

その他、「掛戸公司」[14]や「資金調剤商行」（実質上の銭荘）など、質屋・小口貸出会社および信用保証会社[15]の一部も、実質的に「民間仲介業者」の役割を果たした。「掛戸公司」、「資金調剤商行」はほとんど閉鎖された。現在公式な組織である質屋、小口貸出会社および信用保証会社は、本来の業務から逸脱し「民間仲介業者」の業務に従事した場合、取締りの対象になる。

これらに対して、近年の中国で活発化したソーシャルレンディングは、少なくとも最初は業者の紹介で成立した直接貸借であり、新型の「民間貸借」だと言える。紹介者を介した貸借は個人間の直接貸借における単一の人的ネットワークによる制限を大きく緩和したが、ソーシャルレンディングはネットワーク技術を活用し、地理的なネットワー

表4 「民間貸借」の発展と形態別特徴

名称	個人間貸借	民間紹介貸借	民間仲介貸借	ソーシャルレンディング
時期	計画経済期	1970年代末から急増	1980年代前半から	2007年以降
資金使途	基本的に衣食などの生活資金	消費資金、一部には企業の事業資金	事業資金が主となる。一部には個人の大型消費資金にも	ほとんど事業資金
貸借範囲	借手の人的ネットワーク	紹介業者の人的ネットワーク	貸出先は地域に広がるが、借入と貸出先に関する情報は自らの人的ネットワークに依存	全国すべての情報ネットワーク利用者
リスク負担者	貸手	貸手	「銭荘」などの仲介業者	貸手、P2P業者或いは信用保証業者
政府対応	積極的容認。但し、銀行貸出金利の4倍を超えた分を保護しない。	最初は事業資金の調達と業者を介したものを禁じたが、後に一部を除き容認。	金融秩序をみたすものとして禁止。但し、特定の地域における個別な「暫定的な存在」として一時期容認したことがある。	促進→静観、一部牽制→情報仲介に限定
金融方式	親戚・友人などによる救済或いは互助を目的とする直接貸借	「銀背」などの紹介業者を介するものを含め、基本的に貸借双方の自己責任による直接貸借	「銭荘」などがリスクを取り、貸し手から資金を調達し、自らの責任で融資する間接貸借。なお、前期の「民間自由貸借」が引き続き盛況を呈している	業者の紹介を介した直接貸借、仲介

出所：陳（2009、5頁）の表1を参照に、筆者作成。

クの制限を完全に突破した。一方、後述のようにソーシャルレンディングのうち債権証券化形態は、売り出した証券の元本と利息が保証されるため紹介より仲介に近い役割を果たしている。この意味では、ソーシャルレンディングは「民間貸借」の延長線上にあり、インターネット技術を活用した「民間貸借」だと言える。「民間貸借」の各形態の特徴をまとめ、さらに次節に取り上げるソーシャルレンディングと比較すると、表4の通りになる。次の節は、陳玉雄（二〇一六）に拠りながら、ソーシャルレンディングを取り上げる。

三、ソーシャルレンディング

ソーシャルレンディング（Social Lending）は、インターネットを通じて借手と貸手をマッチングすることによって成立した貸借関係を指す。ソーシャルレンディングの社会性については、①「本当に必要な人におカネが渡らない」状況をなくす、②人と人とのつながりでお金をやりくりする、③誰かの「お役に立っている」と主張される（妹尾二〇一二、一八～二八頁）といわれる。②は銀行融資と比較しての「直接貸借」の特徴であり、第一節でみた「個人間直接貸借」では明確だが、ソーシャルレンディングにおいてはすでに弱まった特徴である。③について、『社会にお役にたつ』ことをコンセプトにした企業に投資することで、間接的に自分たちもわずかながらでも社会に貢献している」（同書一〇六頁）とも述べられているが、社会に役に立たない企業の存続は難しいので、企業金融一般の特徴ともいえよう。従って、①こそソーシャルレンディングの社会性を論じるに際して最も重要な要素といえよう。これはファイナンシャル・インクルージョン（金融包摂）であり、中国で「普恵金融」（Inclusive Finance）と言う。公的金融を中心とするシステムの中、構造的な金融排除（Financial Exclusion）をなくすことを理念に掲げ、ソーシャルレンディングの正当性を主張する根源となっている。中国の金融当局もこの必要性を認め、中国銀行業監督管理委員会は、二〇一五年二月にソーシャルレンディングなどの監督にあたる「普恵金融部」を新設したのである。また、森田（二〇一〇、六三頁）は、貸手がインターネット上に広範に分散し、中にはジェネラリストたる金融機関の貸出担当者に比べ専門的な知識を持つ人も少なくないと指摘した。

日本では、マネオ、AQUSH、SBIソーシャルレンディングの三業者が貸借双方を、自らの情報ネットワークを通じて「紹介」し借り手の信用などの情報も提供するが、保証を付けずあくまでも自己責任である。ただし、法的規制があり「仲介」の形を取り、貸金業者として借手とは金銭消費貸借契約、また匿名組合営業者として貸手とは匿名組合契約を結ぶことになる（妹尾二〇一二、二九～三一頁）。これに対して、中国では情報の仲介、すなわち本稿の言う「紹介」を基本或いは理想にしながら、ソーシャルレンディング業者自身或いは関連保証会社などの保証があるものが主流となっている。

中国では、ソーシャルレンディングに対して「網絡借貸」[16]（「網貸」と略す。「網絡」は情報ネットワーク、「借貸」

表5　P2P貸借の成長

年	年末通常営業社数	年間新規社数	年間取引金額（億元）	前年比（倍）	年末貸出残高（億元）	前年比（倍）	借手数（万人）	前年比（倍）	貸手数（万人）	前年比（倍）
2007	2	2								
2008	3	1								
2009	10	7					0.2		0.3	
2010	25	16	13.7		2.2		1.0	5.0	2.1	7.0
2011	52	34	84.2	6.1	14.1	6.5	3.0	3.0	4.4	2.1
2012	142	101	228.6	2.7	53.3	3.8	4.3	1.4	11.0	2.5
2013	573	531	1100.0	4.8	248.5	4.7	22.0	5.1	51.0	4.6
2014	1701	1537	3058.2	2.8	1096.1	4.4	80.0	3.6	230.0	4.5
2015	1748	1624	9750.0	2.3	4253.0	3.9	280.0	3.5	720.0	3.1
2016	2448			1.7	8162.0	1.9				

出所：年末社数、借手数、貸手数は零壱財経（2016、53-頁）。年間取引金額、年末貸出残高は2009年を除き黄国平ほか（2015、8頁、10頁）。2016年のデータは『日本経済新聞』朝刊2017年1月11日。
注：別のものによる統計であるため、後述のデータとは一部不一致がある。また、2016年はこれまでとの一貫性がない。

は貸借の意）或いは「Ｐ２Ｐ借貸」（Peer-to-peer lending）という名称が多用されるようになった。Ｐ２Ｐは、もともとＩＴ用語であり、ネットワーク上で対等な関係にある端末間を相互に直接接続し、データを送受信する通信方式を指すが、転じて情報ネットワークによってマッチングされた直接貸借関係を指すようになった。Ｐ２Ｐ通信は、膨大な情報を処理する高額な中央集中リソースを必要とせず、成熟市場を根本から揺さぶる破壊的テクノロジーだと言われる。

（一）急成長と課題

二〇〇七年七月、中国初のＰ２Ｐプラットフォーム「拍拍貸」が上海で正式に営業を開始した。その後の業界は模索しながら、表5に示されるように成長し続けている。取引金額と年末貸出残高も二〇一一年には六倍以上まで成長したが、同年末のデフォルト問題を反映し二〇一二年にそれぞれ二・七倍、三・八倍に低下し、不安定な成長ぶりを物語った。また、年末残高の成長率が比較的に安定しているのに対して、年間取引金額の成長率の変化が激しい。両者とも、二〇一三年以降倍以上の成長を維持しながら、鈍化傾向にある。一方、社数は比較的に安定的に成長しているが、借手数に比べると、貸手数の成長率は年々急上昇しており、多数のものがＰ２Ｐ貸借で資金を運用する傾向が明確になってきた。

二〇一四年一九八三社のうち、業者の所在地は広東省が一九・八七％、浙江省が一二・七一％、山東省が一一・四％、北京市が一一・〇四％（零壱研究院二〇一五、五九頁）と、四省が全体の五五％を占めている。このことから、P2P貸借業者は、経済が比較的に発展している東部沿海に集中していることが分かる。

黄国平ほか（二〇一五、二一～四頁）は、その後業界の発展を、スタート模索（二〇〇七～二〇一一年）、成長拡張（二〇一二年）、爆発的な成長（二〇一三～二〇一四年）と規範化・調整（二〇一五年以降）の四つの段階に分ける。以下は、それを参考に三段階でP2P貸借の発展過程を見る。

①模索段階（二〇〇七年～二〇一一年）。

この時期、業者は主に上海、深圳などの地域に集中しており、そのスタッフはほとんどIT従業経験者であった。彼らは、金融業従業経験がなく、借手が個人情報さえ提供すれば、簡単な確認だけで一定限度の資金調達企画をP2Pプラットフォームで公開することを認めることが多かった。二〇〇八年アメリカ発の金融危機をきっかけに、中小企業と個人の資金調達がますます難しくなったため、P2Pプラットフォームを通じて資金を調達する需要が急増した。そのため、認知度が低いP2P貸借もある程度発展することができた。年度末通常営業社数と年間新規社数から見ると、二〇〇七年から二〇〇九年まで営業停止なしにそれぞれ二社、一社と七社の新設があり、二〇一〇年に新設一六社に対して一社の営業停止になった。年間取引金額と年末貸出残高は、二〇〇七年中にゼロから出発し、二〇一一年末にそれぞれ八四・二億元、一四・〇八億元に達した。しかし、急速な成長のゆえに多くの問題が発生し、二〇一一年末に一時的なものを含め、十数社にデフォルトなどの問題が発生した。それでも、年間取引金額が前年の六・一倍、年末貸出残高が前年の六・五倍の急成長ぶりを見せている。混乱の中で業者の整理が進められたと考えられる。これをきっかけに、一旦整理され次の成長段階に入った。

②成長段階（二〇一二年〜二〇一四年）。

この時期、P2Pプラットフォームの関連技術が進歩し、比較的に使いやすくかつ低価格のP2Pプラットフォームのソフトが開発されたこともあり、金融業従業経験者が多く参入した。彼らは、これまでの業者の失敗を踏まえ、多くの場合資金調達をオンラインで、貸出審査をオフラインで行い、地元の借手に優先的に資金を供給する。借手の資金使途、返済財源および担保物に対し実地調査を行い、リスクの低減に努めた。その結果、表5に示される通り年末通常営業社数、年間取引金額、年末貸出残高、貸手・借手の登録数において、二〇一二年の借手の登録数[17]を除き少なくとも前年の二倍以上の成長を見せている。とりわけ、年末貸出残高は二〇一二年から二〇一四年までそれぞれ前年の三・八倍、四・七倍、四・四倍になり、前年の四倍前後の成長が続いた[18]。年末通常営業社数と年間新規社数とを照合すると、二〇一二年から二〇一四年までの年間営業停止社数がそれぞれ一一社、一〇〇社、四〇九社になった。また、年末通常営業社数がそれぞれ一四二社、五七三社、一七〇一社であるのに対して、年間新規社数がそれぞれ一〇一社、五三一社、一五三七社となり、二〇一一年から年間新規社数が年末通常営業社数に近い状況が続いた。まさに急成長の中での「多産多死」だといえる。

③調整段階（二〇一五年〜）。

二〇一四年、とりわけ第四四半期に入ってから、デフォルトなどの問題が急増した。零壱研究院が継続的に観察した対象のうち、問題が発生した業者の数は、二〇一〇年に二社、二〇一一年に六社、二〇一二年一三社、二〇一三年に九九社、二〇一四年に二八八社であった（零壱研究院二〇一五、三〇七頁）。二〇一四年にデフォルトなどの問題が発生した業者リストを見ると、一〇三社のうち八四社で第四四半期に問題が発生していた。さらに、二〇一五年は四月までにすでに二〇六社に達した（同書、三一六頁〜三一八頁）。また、二〇一六年一〜九月にP2Pを経由した不動産関連貸出は、前年同期から倍増し一四〇〇億元に達し、住宅価格が高騰する一因となっている（『日本経済新聞』朝刊二〇一六年一〇月一三日)。監督当局の調査によると、二〇一六年に全体の四割に資金の流用や持ち逃げなどの問題があった(『日本経済新聞』朝刊二〇一七年一月一一日)。問題が多発する中で、監督当局の態度もより慎重になり、P2P貸借業界の状況も厳しさが増すようになった。中国銀行業監督管理委員会と中国人民銀行は対策を練り続け、二〇一五年二月に中国銀行業監督管理委員会がP2P貸借などを監督対象とする「普恵金融部」の設立をきっかけに、P2P貸借業界は調整段階に入った。これを受け、二〇一五年末の通常営業社数が前年の一・〇二八倍で、二〇一二年からの三倍前後に比べると増加は鈍化した。これに対して、二〇一五年の年間取引金額が前年の一・三倍、年末貸出残高が前年の三・九倍になり、中小零細業者の淘汰が進められていると考えられる。また、年間の新規社数が一六二四社もあるのに対して、年末通常営業社数の前年比増加はわずか四七社しかなく、二〇一五年一年間で一五七七社も営業停止になった計算である。[19]最終的に、二〇一六年八月に「インターネット貸借情報仲介機関業務管理暫定弁法」(以下「暫定弁法」)が公布された。P2P業者を「インターネット貸借情報仲介業務を専業的に従事する金融情報仲介会社」(第二条)と定義し、その業務を情報仲介とその関連業務に限定した。既存業者に対して、一年間の「整改期」(整理期)を設け情報仲介とその関連業務以外の業務を整理するように命じた(第四四条)。

このように、中国のP2P貸借は、法的な空白を利用し、一般商工業として急速に発展したが、ほぼ無規制のためその内実が非常に複雑になった。そのため、中国のP2P貸借の発展におけるもっとも重要な特徴は、全体的に業容が急拡大する中での業者の「多生多死」である。[20]「民間紹介業者」に関する法的な規制が整備されていなかった中、前節で見た様々な「民間仲介業者」が新設され、問題が複雑化された「民間貸借」の状況と似ている。

(二) 形態と特徴

中国のP2P貸借について、中国国内を中心に多くの議論がなされている。陳益青(二〇一四、九〇~九一頁)は、

P2P貸借をその金融方式に基づいて三つのモデルにまとめた。すなわち、①完全仲介モデル：「拍拍貸」が唯一の代表であった。P2Pプラットフォームは貸借双方の仲立人として、取引に介入せず、保証業務も提供せず、手数料のみを取る。②オフライン取引モデル：具体的な取引手続、プロセスおよび借入人の信用審査は、P2P業者によって対面形式で行う。「紅嶺創投」がその代表であり、現在業界の主流形態となっている。③債権証券化モデル：「融資城」などの業者は、企業への貸出債権を組み替え証券化し、P2Pプラットフォームで元本と利息保証を付けて販売する。この三形態のうち、①の完全仲介モデルのみが単純な情報仲介（情報仲介以外のことをしない）であり、二〇一六年八月の「暫定弁法」の規定に合致する。用語的には間接的な金融仲介だと誤解される恐れがあるが、紹介業者を介した「民間自由貸借」に相当する。②オフライン取引モデルは保証した債権を回収するための審査が中心となり、本質は貸手の元本に対する保証サービスにあり、「暫定弁法」に違反している。ただし、「暫定弁法」は別会社の保証が可能かどうかについて明確にしなかった（第一〇条第三項）。③の債権証券化モデルは、標準化、組み替えおよび譲渡のプロセスがあり、日本のマネオが採用している「市場モデル」（森田二〇一〇、五一頁）に近い。これらは、明らかに「暫定弁法」に違反（第一〇条第八項）しており、一年間の調整期でどのように再編されるかが注目の的である。また、李立栄（二〇一五、一〇〇〜一〇一頁）は、オンライン、オフラインおよびオンラインとオフラインの結合という三つのモデルに分ける。本稿では、金融仲介・紹介の形態を重要視し、表6の通り四つの形態に分けて考察する。

四つの形態のうち、オンライン紹介形態は「暫定弁法」が推進する情報技術を利用した「民間直接貸借」であり、オフライン実質仲介形態と中間形態と中間形態は保証を通じて仲介形態に近づき、証券化仲介形態は完全に禁止される「民間仲介形態」である。諸外国のP2P貸借に比べると、信用環境の影響もあり、オンライン紹介形態を除き中

表6 ソーシャルレンディングの形態別特徴

形態	オンライン紹介	オフライン実質仲介	中間	証券化仲介
業者による保証	無	有	元本の全額か部分	元本と利息
担保	無	有	無	無
業者の収益源	借手からの手数料	借手、貸手からの手数料	借手、貸手からの手数料	利ザヤ
借手による担保	無	有	無	無
オフライン審査	無	有	ほとんど有	有
オンライン審査	有	無	有	無
取引成立後のモニタリング	無	無	有	有(月毎の返済)
リスク負担者	貸手	保証業者、貸手	業者、貸手	業者
取引方式	入札	借手と貸手の対面	入札	担当者による貸出、理財商品の販売
資金の委託管理	無	有	無	無
代表的な業者	拍拍貸	速貸幇、青島五色土	紅岭創投	宜信 他に融資城、陸金所、証大e貸
政府態度	保護・促進。	P2P貸借業者による保証の禁止	P2P貸借業者による保証の禁止	禁止。
金融方式	紹介:情報の検証・提供を中心に	元本全額保証→仲介に近い。	紹介形式をとるが、元本の全額又は部分保証。	仲介:貸出ABSを貸手(投資者)に元金・利息保証で販売する。

出所:次の文献を参照し、筆者作成。広州民間金融研究院・中央財形大学金融学院(2013)『中国民間金融発展研究報告』知識産権出版社。劉賢軍・陳明倣「民間資本対辺縁信貸市場的有効滲透:威海民間借貸網絡案例」『金融与保険』2011年10月。
注:その他に、同城貸、易貸網などのプラットフォーム方式は情報公開・仲介プラットフォームを加盟業者に開放し、入会料、広告料などを徴収するが、具体的な取引形態等は、加盟業者に任す。斉放網を代表とする事業提携形態は、事業者への支払い原資を貸出し、手数料、広告料、事業者からのリベートを収益源とする。

国のP2P貸借は元本保証が一般的になる。結果的に、債権確保のためオフライン審査が一般的となったのである。

また、前節でみた伝統的な「民間貸借」と比較すると、以下の特徴がある。

①時期：伝統的な「民間貸借」は時期や経済発展に伴い、古い形態の上に重なり新しい形態がゆっくりと発生した。P2P貸借は短い期間に様々な形態のものがほぼ同時に生まれ急速に発展した。一種の「圧縮された民間貸借」ともいえる。

②貸借範囲：伝統的な「民間貸借」は、借手の人的ネットワークへの依存の突破を試み続けた。その結果、貸借範囲は、比較的に大きな人的ネットワーク、すなわち「民間紹介

業者」のネットワーク、さらには「民間仲介業者」の範囲に拡大してきた。Ｐ２Ｐ貸借は、情報ネットワークを通じて完全に人的ネットワークを突破し、貸借の範囲を全国に広げ、さらに将来的には世界中まで拡大することも、法律上の問題さえクリアすれば不可能ではない。すなわち、オンラインをもってオフラインの制限を突破したのである。ただし、リスク低減のため一部の業者は貸手を業者の拠点所在地に制限して、オフラインで審査する動きもある。

③貸借参加者・伝統的な「民間貸借」は基本的に一人対一人の相対取引であるが、Ｐ２Ｐ貸借では同時に一人対多数の取引も可能になる。

④リスク負担者・伝統的な「民間貸借」では、貸金業者が仲介したものを除き基本的に貸手の自己責任である。Ｐ２Ｐ貸借では、紹介形態のものが少なくなり、Ｐ２Ｐ貸借業者或いは保証業者がリスクを負担する場合が多い。

⑤金融方式・伝統的な「民間貸借」は、業者を介した間接貸借もあったが、基本的に直接貸借である。Ｐ２Ｐ貸借では、基本型の「オンライン紹介形態」が間接貸借になる一方、証券化形態は実質上金融仲介になるだけではなく、主流となった「元本保証型」も信用保証を通じて金融仲介の性格が強く、本稿の言う本来の「民間貸借」の範疇を超えている。

⑥政府対応・伝統的な「民間貸借」の新しい形態に対する政府対応は、その公式金融に対する影響が大きくなるに伴って厳しくなる傾向がある。Ｐ２Ｐ貸借に対しては、前述の「暫定弁法」が公布されるまで全体的に監督当局が様子見の姿勢を貫いてきたように見える。

このように、Ｐ２Ｐ貸借は「圧縮された民間貸借」でありながら、オンライン技術をもって伝統的な「民間貸借」における貸借範囲、参加者などの限界を突破した。しかし、急速な発展の中で「多生多死」し、元本保証に応じるため業者による借手の審査などはオフラインが主流となった。また、元本保証の故、実質上の「民間仲介貸借」になり、既存の法律規制に触れるものが多いとみられる。これに対して、政府はこれまで様子見の姿勢を貫いてきたが、二〇一六年九月に「暫定弁法」が公布され、業界の整理が始まろうとしている。

(三)「暫定弁法」の狙い

P2P貸借業界は、二〇一五年まで「監督、参入基準、規則の三無状態」にあったと言われる。二〇一五年二月まで、中国人民銀行の暗黙の了解と銀監会内部の調整の結果、主に銀監会の「イノベーション監督部」(創新監督管理部という)がP2P貸借の監督にあたってきたが、前述のように新設された「普恵金融部」がその監督にあたることになった。この二つの部門は、名称からもポジティブな姿勢がうかがえる。紹介形態の保護・促進、業者による保証と証券化形態の禁止という態度をとっている。そのため、上述の伝統的な「民間貸借」に関連する法律などがP2P貸借にも適用されるとしながらも、正常に運営されているものなどに対する大規模な取締りに乗り出すことがなく、リスク警告などを発するに止まっている。

銀監会は、二〇一一年の「人人貸(P2P貸借)の関係リスクの注意喚起についての通知」でP2Pプラットフォームは自らの口座に資金を入れない(監督当局が介入しない)最低ラインを突破し、預金・貸出の非法金融機関となっており、場合によって非法集資罪になる可能性があると警告した。二〇一三年一一月二五日銀監会が発起した九省庁合同の「非法集資対策会議」で、中国人民銀行は、預金受入罪の容疑がある「P2P名義の非法集資行為」の三パターンを提示した。すなわち、①理財—資金プールのパターン、②不合格借入人による資金集めのパターン、③典型的なポンジ・スキーム(Ponzi Scheme、ネズミ講)。①は銀行の預金業務や資産運営業務とほぼ同じものになる。②では、借入人の身分、資金需要などの情報を検証する義務を怠った場合、投資家の損失に連帯責任があると警告した(于朝印二〇一四、六二頁、六五頁)。

しかし、問題が発生した場合、監督当局が介入せざるを得ないほか、公安(警察)は摘発に乗り出す。犯罪基準に達していない「非法集資」を行ったものは行政処分を受ける。一定金額以上の資金調達を行った場合、預金受入罪になり、刑罰を受ける可能性がある。また、「非法占有を目的に、詐欺の手段で資金を集めたものは、金額が大きい場合集資詐欺罪になる」（刑法一九二条）。実際には、プラットフォームが元金保証のサービスを提供する、或いは理財商品の形式で資金を集め、経営の失敗でプラットフォームの閉鎖に至ったまたは経営者が行方不明になった場合、経営者の行為を公衆預金の非法受入とされ、一定金額以上になると「預金受入罪」で処罰された。

最後に、銀監会は二〇一五年一二月二八日に「網絡借貸信息中介機構業務活動管理暫行弁法（P2P貸借情報仲介機関業務管理暫定弁法）」（意見徴収稿）を発表し、二〇一六年正式に「暫定弁法」を公布した。その主な内容は、業者の業務を紹介形態に限定し、その義務と禁止事項を明確にしたことである。

まず、P2P貸借の業務を「紹介」に限定されるが、この範囲内であればこれまでよりも自由に活動できることが明確となった。第二条に「本弁法のいう網絡借貸は、インタネット・プラットフォームを通じて実現した個体と個体の直接貸借を指す」と定義し、P2P貸借業者を「情報仲介機関」と位置付け、すなわち本稿で言う「紹介業者」に限定する方針を明確にした。これにより、前述の証券化形態やオフライン実質仲介形態ができなくなる。一方、「暫定弁法」第二条にP2P貸借の主体としての「個体」を「自然人、法人およびその他組織を含む」ものとした。これにより、二〇一五年まで禁止されていた企業間の貸借がP2Pプラットフォームの紹介によってできるようになった。また、P2P業者は「暫定弁法」によって銀監会管轄下の正式な機関になり、中国人民銀行が主導する個人信用情報機構などの情報を利用する可能性が出てくる。個人信用情報機構は現在、P2P業者に開放されていないため、業者は借入人の信用記録を利用できず、その信用に対する評価が難しかった。それが利用できるようになると、借手評価の精度がある程度上昇し、貸借双方の紹介業務は容易になると考えられる。

次に、業者が自ら債権を保証することや担保を提供することが禁止されているが、第三者による保証や担保の提供は明確に禁止されていない。これにより、Ｐ２Ｐ業者自身の信用保証によって実質上の仲介ができなくなるが、信用保証資格を取得した小口貸出会社と信用保証会社などの保証を付けることは可能だし、また小口貸出会社と信用保証会社などの保証を付けることは可能だし、また小口貸出会社や資産運用のファンド会社への貸出を貸手に紹介することも考えられる。(21) 後者の場合、Ｐ２Ｐ業者のプラットフォームを通じて貸手と借手をマッチングし、関連会社が貸手から借入れた資金を貸出または運用することになる。これに際して、日本のソーシャルレンディングのビジネス・スキーム（妹尾二〇一二、三〇頁）が参考になるだろう。

また、Ｐ２Ｐ業者の義務について、第九条は情報の収集・整理・選別・公開、信用評価、貸借の仲立ち、資金調達の相談、争議解決などの関連サービスの提供などを列挙した。その上、貸借双方の資格や情報の審査、プロジェクトの真実性の審査、詐欺や犯罪の防止、リスク提示、監督や統計部門への報告、情報の保護、ネットの安全などを強調した。禁止事項について、第三条は、信用の供与、直接或いは間接的に資金の受入集中、違法集資、国家と社会公共の利益の損害を挙げた。具体的に、第一〇条に次のネガティブリストを提示した。

①自身のための資金調達
②貸手の資金の直接または間接的受入や集中
③直接または形を変えて、貸手への担保または元利保証の提供
④自らまたは第三者に委託或いは授権して、インターネットや電話など以外の物理的な場所での宣伝
⑤貸出（法律法規に別の規定がある場合を除く）
⑥借手の資金調達の期間分割
⑦理財などの金融商品の発行または代理販売
⑧資産証券化または資産のパッケージ、証券化資産、信託資産或いはファンドなどの形式での債権譲渡

⑨法律法規とソーシャルレンディング監督の規定が認める場合を除き、ほかの機関の投資或いは代理販売或いは仲買などの業務とのあらゆる方式での協力或いは共同化或いは代理
⑩資金調達プロジェクトの事実或いは収益性の虚構、同欠陥或いはリスクの隠蔽、多義用語或いはその他詐欺手段での虚偽・片面的な宣伝と販促など、虚偽或いは不完全な情報の捏造または発布で他人の商業信用を損ない貸手または借手を誤った方向に導くこと
⑪資金使途が株式投資、株式投資への貸出、先物、構造化金融商品およびその他デリバティブなど、ハイリスクの資金調達への情報仲介サービス
⑫クラウドファンディング業務
⑬法律法規、ソーシャルレンディングの監督規定で禁止されたその他行為

このように、P2P貸借に対して監督当局は、全体的に様子を見ながら理解を深めようとしているが、時期的に最初の模索に対する容認•促進から、変化した形態に対する慎重な制限に変化し、最終的にP2P貸借の原型である「紹介形態」に復帰させる方針を取っていると見られる。このような態度を、「積極的な傍観」と名付けよう。一方、伝統的な「民間貸借」に対しては、政府は他の「民間金融」形態より宥和的であるが、時期的におおよそ八〇年代容認•促進、九〇年代引締め、二〇〇〇年代半ばに再び容認・促進に転じた様子を見せている。P2P貸借に対する監督当局の対応はその延長線上にあると考えられる。伝統的な「民間貸借」に対する政府対応の流れは次の通りである。

一九八四年、一号文件は農民が資金を集め起業することを促進すると提起した。

一九九一年八月、最高人民法院の「人民法院での貸借裁判についての意見」は「銀行同類貸出利率の四倍を超えてはならない」と規定した。しかし、一九九三年後半金融秩序の整頓運動では、金利に関係なくすべての「民間金融」

に対して取締りを行った。

一九九八年七月、国務院「非法金融機構和非法金融活動の取締弁法」は、「中国人民銀行が許可していないすべての金融機関および金融活動」を「非法金融」とした。

二〇〇四年一二月、中国人民銀行は銀行の貸出金利の上限を撤廃した。その後の裁判実務で人民銀行が公表する基準金利を参照するようになった。

二〇〇五年五月、中国人民銀行の「二〇〇四年中国地域金融報告」は、「民間融資の補充的な役割を正確に認識しよう」と提起した。同時に小口貸出会社の設立を推進した。

二〇一二年九月、五省庁共同の「金融業の発展・改革『十二五』計画」に「民間資金貸借が正規金融に対する補充的な役割を発揮する」との一文が盛り込まれた。

二〇一三年七月、中国人民銀行が金融機関の貸出金利の下限を撤廃した。

二〇一五年八月、最高人民法院は前述の「民間貸借案件の審理に適用する法律の若干問題に関する規定」を公布した。

このように、公的金融機関の影響力が大きい中、「民間貸借」に対する規制が緩和される方向にある。その背景にあるのは、金融監督の目的が公的金融の秩序の維持から、投資家・貸手の保護に変化したことである。

終わりに

中国の「民間貸借」は、生活困難者の救済や互助を目的とする「個人間直接貸借」から、「改革開放」を機に「個体戸」などへの貸出を含む「民間自由貸借」を経て、「銀背」などの「紹介」による「民間紹介貸借」に発展した。それは、消費者金融を基本としながら、「個人・私営企業」の事業資金の調達にも活用されるようになったものである。また、

「銀背」などの一部は、自らがリスクをとって貸借を仲介する「銭荘」などの仲介業者となった。さらに、インターネット技術の利用により、P2P貸借はこれまでの「人的ネットワーク」の制限を突破し、「圧縮された発展」を遂げた。

伝統的な「民間貸借」である、仲介を除いた「民間自由貸借」は、それに対する政府の態度が「民間金融」の他の形態に比べ宥和的で、取締りのリスクが比較的に低い。そのため、多くの「民間金融」業者が自らの業務を「民間貸借」だと主張し、地方政府および地域の人々もその地域経済に対する役割を認め、結果的にそれらの業務が意識的に「民間貸借」に混同されるようになった。その結果、「民間貸借」という言葉は、本来の「個人間直接貸借」と「民間紹介貸借」だけではなく、「銭荘」などの仲介、さらには「民間金融」全体を指すことも少なくない。

しかし、政府が比較的に宥和的な態度をとるとはいえ、時期や地域など、さらには個別的にも取締りリスクが付きまとうことは変わりがない。その中で、大きく発展できたのは、地域社会に蓄積されてきたソーシャル・キャピタルによるところが大きいと考えられる。張元紅ほか(二〇一二、五三頁)は、民間金融の特徴として、以下の四つを挙げた。①社会ネットワークや伝統制度環境の中で行われる、②手続きが簡単で一般的に抵当・保証・質入れを必要としない、③ほとんど固定的な関係に依存して、貸借が繰り返される、④企業の場合、貸借双方は業務関係と商業・金融取引関係を同時に保っている場合が多い。②はソーシャル・キャピタルがあるからこそできる。その他三つは、ソーシャル・キャピタルの利用であると同時に、ソーシャル・キャピタルの蓄積が進行していることを示すと考えられる。袁満・劉兆瓊(二〇〇五)によると、温州市銀行業監督局は市全体に対する調査で、「民間貸借」の簡単な手続きに驚かされたという。企業の借入の八七%は無担保・無保証であり、「個人間貸借」の三七%が借用書さえ作成しなかった。

フランシス・フクヤマ(一九九六、六九~七三頁)は、豊かなソーシャル・キャピタルを備えた「高信頼社会」としてアメリカ、日本、ドイツを挙げた一方、フランス、イタリア、韓国および中国人社会などの「低信頼社会」では国家の介入なしに巨大企業が生まれえないと主張している。これに対して、筆者はフクヤマの言うソーシャル・キャピタルが組織・普遍型であり、中国人社会などにはネットワーク型ソーシャル・キャピタルが蓄積されていると考える（陳玉雄二〇一〇、二一八～二二四頁）。これについては、別稿に譲りたい。

参考文献

【日本語】

岡本隆司（二〇一六）『中国の論理』中央公論新社
加藤弘之（二〇一六）『中国経済学入門』名古屋大学出版会
加藤弘之、渡邉真理子、大橋英夫（二〇一三）『二一世紀の中国　経済篇　国家資本主義の光と影』朝日新聞出版
孔麗（二〇〇八）『現代中国政策史年表』日本経済評論社
妹尾賢俊（二〇一二）『みんなと幸せになるお金の使い方：「ソーシャルレンディング」という新しい投資のカタチ』角川学芸出版
陳玉雄（二〇〇九）「中国の『民間貸借』―インフォーマル的なパーソナルファイナンス―」『パーソナルファイナンス学会年報』No.10
――（二〇一〇）『中国のインフォーマル金融と市場化』麗澤大学出版会
――（二〇一二）「中国の経済発展とインフォーマル金融」霞山会『東亜』No.537、二〇一二年三月号
――（二〇一四）「中国における非主流金融の拡大と中小企業」渡辺幸男ほか編著『中国産業論の帰納法的展開』同友館
――（二〇一六）「中国金融における『下からの変革』：『民間貸借』からソーシャルレンディングへ」麗澤大学経済社会総合研究センター Working Paper No.71『中国における民間活力の導入』
童適平（二〇一三）『中国の金融制度』勁草書房

仲井晃（二〇一五）「企業間貸借に関する規制緩和について（民間貸借司法解釈の施行）」『JCAジャーナル』六二（九）、二〇一五年九月
ハルパー、ステファン（二〇一一）『北京コンセンサス：中国流が世界を動かす？』園田茂人・加茂具樹訳、岩波書店
樊勇明・岡正生（一九九八）『中国の金融改革』東洋経済新報社
フクヤマ、フランシス（一九九六）『「大崩壊」の時代』鈴木主税訳、早川書房
丸川知雄（二〇〇二）『労働市場の地殻変動』名古屋大学出版会
――（二〇一三）『チャイニーズ・ドリーム――大衆資本主義が世界を変える』筑摩書房
吉佳宜（二〇一五）「最高人民法院による民間貸借に関する司法解釈について」『国際商事法務』四三（一〇）
李立栄（二〇一五）「急成長する中国のコンシューマー向けインターネットファイナンス」『野村資本市場クォータリー』二〇一五年夏季

【中国語】
陳虎城（二〇〇五）「民間金融制度：経済性質、生存邏輯及効率辺界」『広東金融学院学報』二〇（六）、二〇〇五年一一月
陳益青（二〇一四）「行業演変中我国P2P網絡借貸平台的法律性質認定」岳彩申　総主編『互聯網与民間融資法律問題研究』法律出版社
程石婷（二〇一四）「民間網絡借貸平台監管研究」前掲岳彩申主編著書
広州民間金融研究院・中央財形大学金融学院　課題組（二〇一三）『中国民間金融発展研究報告』知識財産権出版社
国務院法制弁公室（二〇一四）編『中華人民共和国金融法典』中国法制出版社
馮興元（二〇〇六）「中国郷鎮企業融資与内生民間金融組織制度創新研究総報告」馮興元、何広文、杜志雄ほか『中国郷鎮企

業融資与内生民間金融組織制度創信研究』山西経済出版社
黄国平・伍旭川・胡志浩・王去非（二〇一五）『中国網絡信貸行業発展報告（二〇一四〜二〇一五）：P2P網貸平台風険評級与分析』社会科学文献出版社
姜旭朝（一九九六）『中国民間金融研究』山東人民出版社
姜旭朝・丁昌鋒（二〇〇四）「民間企業理論分析：範疇、比較和制度変遷」『金融研究』二〇〇四年第八期
江曙霞・馬理・張純威（二〇〇三）『中国民間信用——社会・文化背景探析』、北京：中国財政経済出版社
李建軍ほか（二〇〇五）『中国地下金融規模与宏観経済影響研究』中国金融出版社
李静（二〇〇六）「民間金融与正規金融之間的互動関係：S省案例分析」同馮興元（二〇〇六）所収
零壱研究院（二〇一五）『中国P2P借貸服務行業白皮書——二〇一五——』東方出版社
劉賢軍・陳明放（二〇一一）「民間資本対辺縁信貸市場的有効滲透：威海民間借貸網絡案例」『金融与保険』二〇一一年一〇月
彭信威（一九六五）『中国貨幣史』上海人民出版社
王家卓・徐紅偉（二〇一四）『二〇一三中国網絡借貸行業藍皮書』知識産権出版社
王銖・単丹（二〇一四）「股権衆籌的刑事風険防控研究」前掲岳彩申主編著書
謝毅（二〇〇五）「民間金融発展現状与理論思考」『湖南財経高等専科学校学報』二一（五）、二〇〇五年一〇月
于朝印（二〇一四）「P2P網絡借貸法律問題的思考」前掲岳彩申主編著書
袁満・劉兆瓊（二〇〇五）「温州民間借貸出現新様子」『経済観察報』二〇〇五年三期
張傑（二〇〇一）『制度、漸進転軌与中国金融改革』中国金融出版社
張翔（二〇一六）『民間金融合約的信息機制——来自改革後温台地区民間金融市場的証拠』社会科学文献出版社
張元紅・張軍・李静・李勤（二〇一二）『中国農村民間金融研究——信用、利率与市場均衡』社会科学文献出版社

朱徳林・胡海鴎（一九九七）『中国的灰黒色金融——市場風雲与理性思考』立信会計出版社
鄭良芳（一九九八）「信用合作篇」何光　主編『中国合作経済概観』経済科学出版社
鄭韶・何暁星（一九九八）『中国経済体制改革二〇年　大事記』上海辞書出版社

注

1　樊・岡（一九九八、三一頁）は、民間商業銀行として株式制銀行と地方政府が出資し、都市部の信用組合を合併して設立した都市合作銀行を「民間商業銀行」と分類している。しかし、株式制銀行は地方政府と国有企業が設立したもので、あくまでも「官方」であり、「民間」ではなかった。一九九六年になってようやく私営企業が半分以上出資し中国民生銀行が創設され、二〇〇〇年代前半まで中国唯一の民間銀行だとメディアなどによって宣伝されたが、中国民生銀行による金融活動を「民間金融」という人はほとんどいない。

2　中国語の「民間」は、「官方」（政府側）の対極にある言葉であり、「非政府」を指す。馮興元ほか（二〇〇六、一三～一五頁）は金融を「官方金融」、「準官方金融」と「民間金融」に分けるが、それぞれ本稿の公的金融、私的公式金融と民間金融に相当する。

3　一九九六年に中国初の「民間金融」に関する専門研究書『中国民間金融研究』を出版した姜旭朝は、後述の広義の「民間貸借」（「民間金融」）を「白色貸借」（無利子或いは低利率の「友情貸借」）、中等利率の「灰色貸借」と高利の「黒色貸借」に分類する。

4　二〇一五年九月一日に施行された「民間貸借案件の審理に適用する法律の若干問題に関する最高人民法院の規定」第一条は、「金融監督機関の許可を経て設立された貸出業務に従事する機関とその分支機関は、貸出などの関連金融業務で発生した紛争には、本規定を適用できない」とし、金融監督機関の許可を経て設立したものを「民間貸借」に含まないことにした。

5　「不法金融機関と不法金融業務・活動に対する取締弁法」。中国で法律が未整備の段階では、政府或いはその関係部門は「条例」、「弁法」、「決定」、「通知」、「意見」（上位↓下位）などの名称を使い、暫定的な法律を公布し施行する。

6　「質屋」、闇外為市場および住民または従業員などからの資金を集める「民間集資」などがある（陳玉雄二〇一〇、三六頁）。

7　ただし、後述の通り、貸金業者などによる金融仲介は銀行の専属業務として今でも禁止されている。直接的な「企業間貸借」も二〇一五年八月まで認められていなかった。

8　同「意見」第六条は、「民間貸借の利率は銀行の利率より適度に高くなってもよい。各地の人民法院はその地域の実情に基づき具体的な基準を作ることができるが、銀行同類貸出利率の四倍を超えてはならない。この限度を超えた場合、超えた部分の利息を保護しない」となっている。また、二〇〇四年一二月の銀行貸出金利上限の撤廃以降、中国人民銀行が発表した基準金利が銀行同類貸出金利の代わりとすることが、各地の裁判案例でわかる。

9　「個体戸」は、「個体労働」、「個体経営」、「個体経済」などとも呼ばれ、日本では「自営業」、「個人企業」と訳されている。本稿は、それが単独の場合「個体戸」という用語を使うが、「私営企業」と一体になって私的企業を指す場合「個人・私営企業」とする。「個体戸」は、農業以外の副収入を狙う「家庭副業」として個人或いは家族労働から出発したが、その後二名さらには五名までの弟子入りが認められ、現在は従業員七名までの家内企業（無限責任）を指す。しかし、二〇〇三年筆者が福建省のある「個体戸」を訪問したとき、その従業員が五〇名以上になることを知り驚いたところ、その経営者は「私営企業」になると、銀行などが融資してくれる可能性があるが、登録するときの手続きが煩雑になる一方、税務署、工商管理局などとの付き合いも多くなると説明した。

10　それまで十数年間にわたって「農民の再教育」を受けると称し、実質的に失業対策であった「上山下郷運動」によって農村に送り込まれた三〇〇〇万人ともいわれる青年は、当時続々と都市に帰還し、糊塗された失業問題がさらに深刻な形で噴出した（丸川二〇〇二、一一～一二頁）。

11　一九八四年三月国務院が通達した農業部の「社隊企業の新局面を切り開くことに関する報告」は、人民公社や生産隊が経営する公的企業「社隊企業」を「郷鎮企業」に改称した上、国有企業や外資系企業以外の企業をそれに含むようにした（孔麗二〇〇八、八三頁）。

12　大午農牧集団は、生産資金を調達するために村民たちから有利子の資金を借入れたことが違法とされたが、孫会長が県政府からの接待要求などを拒み続けたことが災いを招いたともいわれている。幸い、彼がこれまで社会貢献で有名となり中国を代表する経済学者との付き合いがあり、この学者たちによって救出運動が起こされ、結果的に三年間の刑が言い渡され、執行猶予で五カ月間の拘束で済んだ。会社も従業員、地域住民の献身的なサポートで存続できた(陳玉雄二〇一〇、二〇二頁)。

13　一般的に、「銭荘」と呼ばれるものは、古代中国における銀と銅銭などの諸貨幣の両替から出発したが、その主要な業務が両替から商人への貸付、決済、さらには一部が内国為替へと変化していった。「銭荘」は清朝末、民国期に隆昌期を迎えたが、中華人民共和国になってからほぼ消滅させられた。また、一九八〇年代になってから、インフォーマルな金融仲介業者を一般的に「銭荘」と呼ぶ。その他に、日本では「地下銀行」と言われる、銀行免許を持たない外国為替業者も「地下銭荘」と呼ばれている。なお、金融仲介業者が営む「銭荘」は、法律に違反するものの民営中小企業の資金調達などで経済発展に一定の役割があるとされる。一方、外国為替業者が営む「地下銭荘」は法律に違反する上、経済的な役割がほとんどなく、マネーロンダリングなどの犯罪とよく同一視され、厳しく批判されている（陳玉雄二〇一〇、一一一頁・一三三頁）。

14　零細な手工業や運送業などしかできない「個体戸」などに所属証明、空白の契約書、銀行口座などを貸出し、その管理費や手数料などを収入とする集団所有制企業、地域商工協会に近い。その付属サービスとして、地域で預金を受け入れメンバー企業に貸出す業務を行うものが多かった。一九八八年温州市蒼南県下の二郷鎮に、「掛戸公司」が九六社設立され、うち七〇社が預金・貸出業務に従事した（陳玉雄二〇一〇、一三一頁）。

15　温州の一部の中小保証会社は、債務返済資金の貸出、資金の立て替え・貸出などの融資業務を行う一方、中間人を通じて資金を集める。中間人は月利〇・六％～一％の金利で親戚や友人などから資金を集め保証会社に預ける。保証会社は月利三％

ぐらいで貸出し、中間人に同〇・六〜一％の金利の他、利息収入の一〇％の仲介料を支払う（張元紅ほか二〇一二、三六〜三七頁）。

16　王家卓（二〇一四、四頁）は、「網絡借貸」のひな型を個人互助貸借モデルとしての「標会」（入札無尽）に求むことができると指摘している。親戚、友人の間で「標会」というオフライン・プラットフォームを通じて小額の貸借で資金を必要な人に融通する。インターネット技術の普及に伴ってオンライン・プラットフォームが利用され、「網絡借貸」になった。

17　前年の混乱の影響を受けたためか、唯一、二〇一二年借手の登録が前年の一・四倍の低成長となった。

18　『日本経済新聞』（朝刊二〇一七年一月一一日）は、二〇一六年中国のP2P市場が急拡大し、年末の残高は八一六二億元に上り、一五年末の二倍強に膨らんだと報道した。同報道がこれまでのデータをチェックしたかどうかはわからないが、二〇一六年の「拡大」はこれまでの四倍前後からの急低下だといえる。なお、表5の通り二〇一一年は六・五倍、二〇一五年も三・九倍であった。

19　年間取引金額は二〇一三年が前年の四・八倍から、二〇一四年が同二・八倍、二〇一五年が同二・三倍になり、年末貸出残高はそれぞれ同四・七倍、四・四倍、三・九倍で、年末通常営業社数も同四・〇四倍、二・九七倍、一・〇三倍であった。いずれも二〇一三年がピークに成長が低下傾向にあり、この意味で「暫定弁法」はこの流れに乗って整理しようとするものだといえよう。

20　近年のデータを見ると、年間で問題発生が最も多い月では、二〇一六年七月に一五二社、一七年四月に一一五社、一八年七月に一四二社と、現在のところ沈静化する気配が見られない（零壱研究院ホームページ、閲覧日二〇一八年九月一日）。その中で相次いだ廃業は投資家に損失をもたらし、業界は曲がり角に直面することになる。二〇一八年四月末の貸出残高は一七年末に比べ六％の伸びにとどまり、通年で五割増の一七年度に比べ大きく鈍化した（『日本経済新聞』朝刊二〇一八年五月一〇日）。二〇一八年一〜七月に約二三〇社が破綻し、うち大手二〇社の債務不履行額が二三〇億元に達し、合計額は少なく見積もっても三〇〇億元を超えている。また、当局が一兆元を超える貸出残高の圧縮にかじを切ったこともあり、通常営業社数は一七〇〇を割り込み、二年前に比べ半減し、年内に一〇〇〇を割り込む予想もある（同二〇一八年八月八日）。

21　程石婷（二〇一四、二五〇頁、二五三頁）は、現在の一部のP2P貸借と小口貸出会社との協力について、以下のように批判した。P2Pプラットフォームを通じて、小口貸出会社は債権者から信用保証人となったが、実質上貸倒れリスクを負うままである。しかし、結果的に貸出資産のオフバランス化が行われ、新たな貸出ができるようになったのである。しかも、保証会社を対象とする「融資性保証会社管理暫定弁法」の自己資金の一〇倍までの保証上限を超えて債権を保証した小口貸出会社が少なくない。また、現状では保証会社・小口貸出会社が貸出、P2P業者が個人から資金を調達するという関係が出来上がり、実質上保証会社・小口貸出会社がP2Pプラットフォームを利用し貸出業務を行ったのである。

論説体における〝NP_1是一个NP_2〟について

西　暢子

はじめに

〝NP_1是一个＋NP_2〟は会話体だけでなく論説体にもよく見られる基本的な文型である。これを日本語に翻訳する際は「NP_1はNP_2である」とし、〝一个〟を訳出する必要はないとされる。しかし、量詞に関する研究は数多くあるものの、〝NP_1是一个＋NP_2〟における日本語への訳出に限定すると、その理由は明確に説明されてこなかったように思われる。さらに、助数詞表現を伴って訳出しても不自然ではないと筆者には感じられる場合もある。したがって、論説体における〝NP_1是一个NP_2〟で量詞部分を助数詞表現に訳出するべきではないとする要因を解明し、なおかつ訳出できる場合があるかどうかについて考察を試みたい。本稿はその前段階として、これまでの先行研究をまとめながら、分析の足掛かりとするものである。

一、中国語の量詞と日本語の助数詞

まず、中国語の量詞と日本語の助数詞についてその特徴と機能を述べる。

量詞・助数詞はともに類別詞の一種である。水口（二〇〇四）によると、類別詞とは、「名詞の意味的分類を表す手段」で、「名詞類」「名詞類別詞」「数量類別詞」「所有類別詞」「指示類別詞」「場所類別詞」「関係類別詞」「動詞類別詞」

の八種類に分類される。量詞・助数詞は、「数量類別詞」にあたり、数量表現と共起することが特徴である。この数量類別詞の機能はまず「計数機能」にある。

①　她有三个孩子。
　彼女には三人の子どもがいる。（作例）

英語のように数詞だけで計数機能が実現されず、数詞と量詞・助数詞が組み合わさってはじめて計数機能が働くのである。

量詞・助数詞は対象となる名詞のカテゴリーによって類別詞が選択されるという点も共通している。例えば量詞〝张〟は「平面の目立つ」名詞に用いられ、助数詞「枚」は「平たいもの、厚みのないもの」を数えるのに用いる。このため中国語と日本語のもの・ことに対する認知の相違が反映されるとして比較研究が多くされてきた。量詞では有生物、無生物の区別が助数詞ほど顕著でないなどの違いもある。

また「数量類別詞」を使い分けることで、計数の単位を指定できる。つまり、〝一杯水〟「コップ一杯の水」と〝一桶水〟「桶一杯の水」などである。〝一层微笑〟と〝一个微笑〟のように、中国語で同一名詞に対して量詞を使い分けても、日本語では助数詞の使い分けだけでなく、助数詞すら用いない表現もある。したがって中国語の量詞と日本語の助数詞は個々の意味内容の相違について対照的に論じられることも多い。

中国語の量詞は、大きく「名量詞」「動量詞」「複合量詞」に分けられ[1]、中でも〝个〟は「名量詞」の中でも、個体として数えられるものにつく「個体量詞」である。日本語の助数詞は数詞にそえられ、数えられるその対象（もの・こと）の性質・形状・様態・種類などを表す語であり、「個体が一つずつ区別されていて最小単位をもつものを数える」とされる「個別類別詞」には「個」や「つ」がある[2]。

したがって中国語の量詞〝个〟、日本語の助数詞「個」や「つ」はともに個体を数える数量類別詞であると言えるが、両者は単純な対応関係ではなく、対象とする名詞の範囲は必ずしも一致しない。〝个〟のほうが対象とする名詞の範囲は広く[3]、このことが〝个〟を日本語の助数詞表現へと訳出すると違和感が生じる背景にあると考えられる。

このように中国語の量詞と日本語の助数詞は「数量類別詞」として共通点、相違点を持ち[4]、そこに訳出の問題が存在しているのである。

② 他是一个好学生。

?彼は一人のよい学生です。

（林二〇一〇：三五）

上記は典型的〝NP₁是一个+NP₂〟の文型である。中国語で〝一个〟があり、日本語でそれに対応する助数詞表現（「一人の」）があるにも関わらず、訳出すると不自然になるのである。次節ではまずは量詞〝一个〟の特殊性に言及する。

二、〝一个〟特有の機能

〝一个〟となるとその機能は他の量詞とは一律ではない[5]。〝一个〟の機能として、「計数機能」以外に「不定化機能」、「個体化機能[6]」があることはすでによく知られている。大河内（一九八五）によると、中国語の名詞は「非可算」的で、〝（一）个〟の付加によって「具体性」や「個別性」を獲得する。〝（一）个〟は「実数」と「非実数」の両方を表し、非実数の場合は、対象を「不定化・個別化」し、「個別の概念を与え、抽象的なものを具体化するために働いている」。一方、「裸の名詞は輪郭を持たない抽象的なものを表している」。

類名である裸の名詞に〝(一) 个〟がつく場合とつかない場合では次のように意味に違いが生じている。

③ 他是学生。
彼は学生だ。

④ 他是个学生。
彼は(一人の)学生だ。

(中川・李一九九二:一一三)

中川・李(一九九二)によると、③の〝学生〟は「教師」や「労働者」、「農民」などに対立しているものであり、「彼は学生で教師や労働者、農民ではない」ということを意味するのに対し、④では〝个〟がつくことで、「彼が学生という類の中の一員である」という意味になると言う。意識される母集団は学生であり、それに属するとわざわざ言うことが、学生が本来的に持つとされる特徴を彼も分かち持つということになるのだろうということである。

このように、類名や総称という抽象的事物を、具体的な個別のものへと変える機能、いわば類から個への転換を〝(一) 个〟が担っていると言える。これが「個体化機能」である。

日本語では以下の⑤の類を表す場合、⑥の個を表す場合、共に無標の名詞を用いることが可能であるが、中国語では類である⑤から個を表す⑥への転換には量詞が必要である。

⑤ 私は猫が好き。
我很喜欢猫。

⑥ ほら、あそこに猫がいる。
你看,那儿有一只猫。

(いずれも作例)

このように「個体化機能」は日本語助数詞にはない機能である。

しかし、日本語の助数詞表現にも「計量機能」以外の機能がある。林（二〇一〇）に以下の文が挙げられている。

⑦　二日目、ひとりの中年の日本人男性が緊張した面持ちで証人台にたった。

⑧　第二天，一个中年日本男人带着紧张的面孔登上了证人台。

（林二〇一〇：三七）

⑦は小説の一文で、⑧は林（二〇一〇）による作例である。先の②「?彼は一人のよい学生です」では許容されなかった「一人の」が⑦のように初めて登場する人物には付加される。この場合、「〝一〟＋助数詞」は不定冠詞にきわめて近い、「不定」を表す機能をしている。

中国語の量詞と日本語の助数詞は「計数機能」を共通して持ち、〝一〟＋量詞、「〝一〟＋助数詞」となると、「計数機能」に加え、「不定化機能」が加わるのである。しかし、「個体化機能」は中国語の量詞特有のものであるため、日本語には訳出しないと考えられる。

〝一个〟の機能は数詞〝一〟が省略されることが多いことからも「計数機能」よりも「不定化機能」、「個体化機能」がまずあると考えられる。一方、日本語の助数詞表現は中国語のように数詞を省略した形は存在しない。まず数があって、それから助数詞が選ばれるのである。〝一个〟の主たる機能は「不定化」「個体化」であるのに対し、助数詞表現の主たる機能は「計数」にあると言える。したがって、中国語量詞の「個体化機能」と日本語助数詞の「計数機能」との範疇の差が訳出の違和感を生んでいると考えられる。

中川・李（一九九二）によると、名詞が日本語は「単数趣向」で中国語は「複数趣向」であるため、複数を回避するために〝一个〟が使用されるという見解が示されている。つまり、日本語では「単数趣向」のためわざわざ数に言及する必要がなくても、中国語では〝一个〟の必要性が高まるということである。このことは〝一个〟とあっても日本語で「〝一〟＋助数詞」表現にしないことと関係し、同時に名詞との結びつきの度合いも日中両語で異なることを示唆している。

さらに、林（二〇一〇）は「〝一〟＋助数詞」は計数機能としてよりも、名詞の存在を顕著な形で指し示し、聞き手の注意を引く伏線の役割をしていると考えられると「不定化機能」以外の機能について言及している。〝NP_1是一个NP_2〟についても、NP_2が新しい対象として導入される際に多いという指摘もある。[7] さらに〝一个〟について「コントラスト導入」[8]などその成立条件について認知言語学的アプローチによる研究もなされている。このように「不定化機能」以外の共通する機能が、〝一个〟と「〝一〟＋助数詞」にはある可能性を見出すことができる。そしてそれが訳出の可能性にもつながると考えられる。

三、今後の課題

ここまで主に量詞と助数詞の比較から訳出の問題について考察したが、この問題は量詞と助数詞だけでなく、日中両語の名詞の性質違い、また〝NP_1是一个＋NP_2〟という文型の性質、さらにコンテクストとの関わりなど、様々な要素が影響していることに気づかされた。〝NP_1是一个NP_2〟であっても、その意味関係及びＮＰの性質は様々である。〝是〟で結ばれる主語名詞句と述語名詞句の意味関係は、呂叔湘主编（一九九九）《现代汉语八百词》によると以下のように分けられている。

a表示等同　b表示归类　c表示特征或质料　d表示存在　e表示领有　f表示其他关系

この意味関係によって名詞句の性質も異なり、コンテクストも異なることが考えられ、それぞれ〝一个〟との関係について検討が必要である。

主語名詞句と述語名詞句を「繫辞」（コピュラ）と呼ばれる特殊な動詞「である」「だ」で結び付けたものは「コピュラ文」と呼ばれ、中国語の〝NP1是一个NP2〟、その翻訳となる日本語の「である」「だ」がこれに相当する。コピュラ文とは多くの言語にみられる文であり、外国語として学ぶ際、初級文法で最初に提示される基本的構文である。しかし、コピュラ文で繫がれる名詞の性質や、その認知が関わる類別詞について考えると、大河内（一九八五）の言葉を借りれば、まさに「意味と実在」というような哲学的領域にまで入り込むかの難解さがある。

今後は文型の側面からも中国語と日本語の性質を考察する必要がある。同時に実際の論説体の文章から多くサンプルを抽出し、日本語訳に助数詞表現を含む場合と含まない場合とでの許容度についても検討していきたい。

注

1 何杰（二〇〇八）参照。
2 三保（二〇〇六）参照。
3 〝个〟と「つ」の使用範囲については楊（二〇一五）に詳しい。
4 さらなる相違点として、中国語の量詞は指示詞〝这、那、哪〟と組み合わせて、指示代名詞的に用いられるという機能を持つ。この機能は日本語の助数詞は持ち合わせていない。
5 特に〝个〟となると、量詞の範疇を超えるような用法もある。詳しくは杉村（二〇〇六）参照のこと。
6 安井（二〇〇二）のように「個体化機能」ではなく「属性表示機能」とする見方もある。
7 唐（二〇〇五）参照。
8 安井（二〇〇二）参照。

参考文献

大河内康憲（一九八五）「量詞の個体化機能」、『中国語の諸相』白帝社

中川正之・李浚哲（一九九二）「日中両国語における数量表現」、大河内康憲（編）『日本語と中国語の対照研究論文集』くろしお出版

呂叔湘（一九九九）《现代汉语八百词》、商务印书馆

安井二美子（二〇〇三）「〝是（一）个N〟の認知言語学的アプローチ」、『中国語学』二五〇号、日本中国語学会

水口志乃扶（二〇〇四）「『類別詞』とは何か」、西光義弘・水口志乃扶（編）『類別詞の対照』くろしお出版

唐翠菊（二〇〇五）〈〝是〟字句宾语中〝（一）个〟的隐现问题〉、《世界汉语教学》第二期

三保忠夫（二〇〇六）『数え方の日本史』吉川弘文館

杉村博文（二〇〇六）〈量词〝个〟的文化属性激活功能和语义的动态理解〉、《世界汉语教学》第三期

何杰（二〇〇八）《现代汉语量词研究》民族出版社

林佩芬（二〇一〇）「数詞「一」からなる数量詞表現について―日本語と中国語との比較を中心に―」、『多元文化』一〇号、名古屋大学国際言語文化研究科国際多元文化専攻

楊柳青（二〇一五）「日本語の助数詞と中国語の量詞の対照―助数詞「つ」と量詞〝个〟を中心に―」、麗澤大学大学院平成二七年度修士論文

第三部　関係資料

中国にかける思い、そのＤＮＡ

三潴 正道

人に語るほどの業績もないのにこの文を書かせていただくことには内心忸怩たるものがありましたが、みなさまの格別のご厚意に甘え、レベルシステムの開発と而立会の発足、それにかける思いと、今後に託する願いを披歴させていただき、記録として残す決意をしました。僭越の段は平にご容赦ください。

最初に我が家と中国との関係について略述しておきたいと思います。私の中国にかける思いのＤＮＡに他ならないと思うからです。

我が家は江戸時代、代々米沢、上杉藩の藩医をしておりました。当然漢方医です。上杉鷹山の侍医もしていたようです。明治維新後、版籍奉還で藩主とともに江戸へ出、曽祖父謙三は東京帝国大学医学部第一期卒業生で、明治時代に日本に西洋医学を伝えたドイツ人、ベルツとホフマンの助手となり、外科医としても活躍、明治天皇の侍医にもなりました。我が家には当時の清朝両広総督だった文化人、黎庶昌（『西洋紀聞』の著者）が謙三に書いた「著手成春」という額が残っています。

東京帝国大学教授だった祖父信三は民法学者で、日露戦争後、ドイツのハイデルベルク大学に留学、物権法の導入に尽力しました。梁啓超と親交があり、やはり我が家に「三潴博士に贈る」とした、「荘敬日彊」という直筆の額が残っています。梅蘭芳とも接点があったようで、家にはそのレコードが残っていました。なお、信三の著作は二〇〇〇年以降に同済大学で中訳され、中国での物権法制定の資料になったようです。

高崎経済大学学長を務めた父、三潴信吾は憲法学者でしたが、台湾の蔣経国総統の憲法顧問を務め、また、何応欽将軍とは深い親交がありました。私が幼いころの記憶では、中国で「漢奸」とされた政治家で、張愛玲の夫でもあった胡蘭成氏がよく我が家に遊びに来ていました。どんな人かは当時全く知りませんでしたが、彼が教えてくれた中華料理の作り方は今でも兄が覚えています。

筑波大学教授だった叔父の三潴信邦も中国とは深い関係があります。統計学の大家で、九〇年代以降、北京、西安など中国各地で統計学の授業や講演をしていたようです。数年前、西安外国語大学に講演に行ったとき、叔父と同時期に教鞭を執ったという先生に偶然出会いました。私の弟の忠道もまた、千葉大医学部を出て漢方医になっており、東洋医学会の副会長を務め、現在は福島医大に勤務しています。

付け加えますと、母方も中国との関わりは強く、東京帝国大学教授だった祖父筧克彦は法哲学の専門家であるとともに神道研究の第一人者でしたが、満蒙開拓団を送り出した内原訓練所の加藤完治氏が敗戦後責任を取って自決しようとしたのを翻意させ、農業後継者の育成に半生を捧げるよう説得したことも聞いています。私も幼いころ、内原によく遊びに行き、長いひげのすでに好々爺然とした勤農家、加藤氏の姿は鮮明に記憶しています。

克彦の長男、素彦は宮内庁に勤め、終戦放送の玉音版を当日まで保持して守ったり、昭和天皇がマッカーサーに会いに行くときの随行も務めましたが、晩年に「関東軍が長城線を越えて華北に侵入したとき、陛下が激怒され、退位する、とおっしゃって宮中が大騒ぎになり、必死に御翻意を促した」との証言を残しています。A級戦犯が靖国神社に合祀された後、昭和天皇が二度と参拝されなかったことの貴重な裏付けかと思います。

なお、筧家は山梨県の大庄屋で、曽祖父は台湾の嘉義県の県長として信玄堤などに関わる水利の技術を伝え、水田の建設に随分尽力したようです。

だいぶ長くなりましたが、こうして振り返ると、つくづく中国と縁のある家だな、と思います。ダメ押しが義兄で、日弁連の副会長を務めた弁護士ですが、九〇年代に中国が司法試験の導入を図ったときに色々助力したようです。考えてみればお隣の国で、二〇〇〇年にもわたる交流があるのですから、各方面で多かれ少なかれ関係があるのは私の家に限らないかもしれません。日中関係にはそれだけの歴史があったとも言えましょう。

さて、わたくし個人ですが、中国好きは何といっても吉川英治の『三国志』の影響でしょう。何十回読んだかわかりません。いつも違和感を覚えていたのが、「許褚走るな！」という変な日本語で、後年、中国語を習って初めて「許褚逃げるな！」という意味であることが解り、疑問が氷解しました。『水滸伝』も大好きで、一〇八人の英雄豪傑の、綽名も含めたすべての名を小学校五年生には覚えていましたが、最近、風呂の中で思い出してみたら、やっと三〇人、ちょっとショックでした。この他、『史記』も何回読んだかわかりませんが、それはのちに随分役に立ちました。

大学受験では、北海道大学農学部受験を許してもらえず、紆余曲折があった後、大学紛争で閉鎖された東京の大学を見限り、下地があってか、千葉県柏市の麗澤大学中国語学科に入学しました。これが運命の分かれ道だったと思います。清水元助先生、奥平定世先生、有馬健之助先生、松田和夫先生等良き師に恵まれ、また、僥倖にも、当時、東京外国語大学の金丸邦三先生、輿水優先生が麗澤に出講されており、その謦咳に接する機会を得ました。そして両先生の教えに触発され、東京外語大の大学院に進学しました。

修士課程修了後、母校麗澤大学の助手に採用され、定年まで奉職しましたが、その間、立教大学を始め、いくつかの大学で非常勤もさせていただきました。それらは経歴の記載に譲るとして、ライフワークとなった論説体の翻訳普及活動との関わりについて話を進めましょう。

わたしは教員になってしばらく、金丸先生の指導の下で、六朝志怪小説や、宋代話本、元曲などの研究に加わり、『中国俗文学研究』での元曲の注釈にも加わりました。現在の中国俗文学研究会は、私が麗澤大学在学中に金丸先生にお願いし、箱根の強羅で『水滸伝』を読む合宿を開いていただいたのがきっかけで、これにその後、東京外語大の学生たちが加わり、発展したものです。

その後、金丸先生には申し訳なかったのですが、私にある転機が訪れました。八〇年代前半、総理府が毎年行っていた青年訪中団の通訳になって中国に行く機会を得たのですが、行く先々でレセプションがありました。すると、団長のスピーチに対して、その都度向こうの記者が原稿を求めてきました。事前には用意されていなかったので、毎晩その内容を翻訳して渡すことになりますが、さて、団長の公式スピーチとなると、論説体並みの格調が求められます。当時駆け出しだった私にうまく書けるわけがありません。でも書け、と言う。それが全国各地で三週間続くのですからたまったものではありません。そのとき初めて、話し言葉とは別に書き言葉の文体を勉強しておかないと将来困るぞ、と痛切に思い知らされたのです。

帰国後、早速勉強しようと思いましたが、難解な手紙文用テキストしかありません。それも戦前からのスタイルの継承で、ほとんど文語文と言ってよく、特殊な語彙が散りばめられ、私の目的とは程遠いテキストです。やむなく、まずは人民日報を読むことから始めることにしました。そこで無謀な決心をしました。とにかく、毎日の人民日報にすべて目を通そう、という決心です。こういうことを考える人は今後出ないと思いますが、それには理由があります。今の人民日報は二四面ですが、当時は四面くらいしかなかったのです。当時の私の読解力でもし二四面だったら、一体全部読むのにどれくらい時間がかかったか、一日でも終わらなかったでしょうし、全部読もうなどという大それたこと自体思わなかったでしょう。

人民日報はその後、私の読むスピードの向上に合わせて(?)、八面、一二面、一六面、そして二四面とページ数を増やしていきました。これはまさに願ってもない空前絶後のワンチャンスで、私が中国人から「絶滅危惧種」とあきれられる人間になれた謎解きでもあります。何よりも一九四八年という年に私を生んだ母に感謝すべきかもしれません。

こうして人民日報を通して論説体に習熟していった過程で、私はあることに気がつきました。「一九一一年以降の白話運動、そして、新中国発足以後の呂叔湘の『語法修辞講話』などに準拠し、話し言葉と書き言葉を一体化させた普通話が普及、それにより学会でタブー視された現代中国語書き言葉（書面語）というジャンルが七〇年近い時を経て、新しい文体（語体）を徐々に形成しつつある」ということです。もちろん、その間も、現代書き言葉が全く消滅したわけではなく、辞書には、個別の単語や表現について「書き言葉である」という但し書きが散見されますが、極めて断片的で、辞書による差異も少なくなく、体系的整理はほとんどなされていませんでした。論説体でよく使われる動詞〝为〟が一般の文法書やテキストからほぼ抜け落ちていることなどは、いかに書面語、すなわち論説体が軽視されているかを如実に物語るものです。

当時私が抱いた大雑把な感覚では、論説体の語彙や文法は、少なくとも三〇%は純然たる話し言葉と違うな、というものでした。それが何であるか、それを究明する作業がそこから始まりました。何しろ、先行研究はないに等しい分野です。言文一致が大前提になっていて、中国でも日本でも、現代中国語書き言葉を独立したジャンルとして扱った論文などどこを探しても見当たらない、これは自分で構築していくしかないな、と思いました。まずは学生に論説体の授業をしながらその中身を探っていくしかない。「実事求是」です。かといって、ただ、伝統的なスタイルの講読授業を行うだけでは分析的な解明は難しい。さんざん考えた挙句に考案したのがレベル式教育システムでした。発想の起点は、論説体を難しいと感じるその「難しさ」の根拠となるものは何か、ということです。そこで二つの仮説を立てました。文の長さと構文的な難易度です。さらに、分かち書き慣れしていることが、難しいという感覚を助長している、とも思いました。そこでこれらを克服する方法としてレベル方式を考案したのです。レベル方式については関連テキストに紹介してあるので、ここでは省略します。

レベル方式の採用にはもう一つ、教学上の配慮がありました。これは自分が学生時代に英語の読解力を向上させようとしたとき、自分の向上度合いがなかなか捕捉できず、モチベーションを維持するのが難しかったことに起因します。自分の進歩の度合いを数値化して認識できるようなシステム、それがレベルシステムだったのです。唯一の心配は、センテンスを切り出しますから、前後関係が解りません。しかし、中国語は前後関係がないと決定できない要素が文中に組み込まれる度合いが高く、これにはかなり悩みました。この点はレベルシステムのシステム上の限界として完全消去は不可能でしょう。したがって、問題の選択に気を配ると同時に、一定レベルに達したら、やはり、これとは別に長文読解に挑む必要はあります。

レベルシステムは当初、レベル一〇までしかありませんでした。神田外語大に出講していた時期がその時期にあたりますので、当時学生だった人は、レベルが三〇まである、と聞いたらびっくりするでしょう。すでに一九八〇年以来四〇年近く続けているレベル添削ですが、レベル一〇までの時代から、実践の中で徐々に改良を加え、今のレベル三〇に至りました。あらゆる角度から見て、今の形式は理想に近いものとなりました。何よりも、毎年延べ二〇〇人前後の受講者から判で押したように一〇名前後の合格者が出る、その安定した数字が証拠になりました。

しかし、レベル三〇も最終到達地点ではありません。翻訳者のタマゴが誕生、といったレベルでしょう。プロを目指すには、あるいはそれと同レベルの力量を必要とする仕事に従事する人にはさらなる向上が必要です。その必要から生まれたのが而立会です。この会の名前は、論語の「三十而立」をレベル三〇に引っ掛けたものですが、当初の任意団体から、平成一〇年にはＮＰＯ法人「日中翻訳活動推進協会」へとグレードアップしました。ただ、ＮＰＯ法人化には一長一短があり、正直様々な議論もありました。私がそれを押し切った理由は、社会的な認知を得ることが将来的な会の発展に不可欠であり、ＮＰＯ法人になることで、一定の客観的基準を満たした団体である、という信用が得られるからです。こうして会は発展の軌道に乗り、会員も二〇〇人の大台に近づきつつあります。

会の活動は多岐にわたっています。レベル三〇達成度を認定する等級制度の実施、また会員に対してさらに中日翻訳士認定試験、中日翻訳専修試験という二段階の認定試験が実施されるようになりました。それに合わせて、ネットを使った長文翻訳の勉強会も実施されています。また、ポスト三潴に備えた添削者養成システム「添添ちゃん」も毎年改良を加えつつ制度化の道を進んでおり、すでに、法人会員のグローヴァと提携してレベル四合格を目指す初級添削コースを作動させ、添削のスキルアップに取り組んでいます。

また、添削時に必要な文法知識のボトムアップを図るための講習会も始めており、さらに会員各自の経験を踏まえた翻訳スキル向上のための交流や、翻訳業務の情報交換、仕事の斡旋も活発に行われています。

翻訳出版活動も年々活発になっています。ＮＰＯ法人ですから、会としての営利事業ではなく、会員が各自翻訳を請け負って進める活動、という形を取りますが、その翻訳者の養成は多かれ少なかれ而立会と深く関わっています。僑報社からすでに一二年にわたり毎年出版している『今、中国が面白い』はその先駆的な役割を果たしてきました。これには毎年三〇名以上の会員が加わりました。現在ほかにも何冊か、個々の会員が翻訳を進めていますし、様々なネットや雑誌の翻訳に多くの会員が取り組んでいます。

こうした活動を支える土台作りとして大事な点は、いかにして論説体の独自性と、その学習スキルの必要性を世間に認識させるかであり、それが私の次なる課題となりました。まず取り組んだのが『時事中国語の教科書』（朝日出版社）の発刊です。二〇一九年度版で二三年目を迎えたこのテキストは、毎年全面的に更新することを建前としてきましたが、幸い、大方のご支持をいただき、ロングランとなりました。このテキストを通して、論説体の存在をアピールしてきたのです。そして、もうよかろうと満を持して編んだのが、二〇一〇年発刊の『論説体中国語読解力養成講座』(東方書店)で、「論説体」という新しいジャンル名称を初めて公に打ち出したテキストとなりました。当初は専門的で売れないのでは、という危惧も聞かれましたが、案に相違して二年間で四回刷るという反響がありました。その後、私が上海財経大学「国際商務漢語教学資源開発基地(上海)」専家委員会委員であったので、同基地の中国人専門家と共同で『ビジネスリテラシーを鍛える中国語Ⅰ』『同Ⅱ』(朝日出版社)を出版しました。こうして

①『論説体中国語読解力養成講座』(東方書店)

②『ビジネスリテラシーを鍛える中国語Ⅰ』(朝日出版社)

③『ビジネスリテラシーを鍛える中国語Ⅱ』(朝日出版社)

が、論説体学習の中核を為す三段階のバイブル的テキストとして完成しました。

現在、次なるプロジェクトをスタートさせています。すなわち、これらのテキストの補助教材の作成です。そこで、浙江出版集団と三潴が提携し、入門―初級―中級―上級に応じた学習ドリル及び個別の工具書の開発に取り組み始めました。当然ながら、而立会の等級認定とも連動させます。手始めに二〇一七年年末に上級用として長文読解の『人民日報で学ぶ論説体中国語翻訳スキルⅠ』を出版、二〇一八年夏には『人民日報で学ぶ論説体中国語翻訳ドリル入門・初級』を、同年末には『人民日報で学ぶ論説体中国語翻訳ドリル初級・中級』を刊行しました。このプロジェクトは今後も次々と必要なテキストを継続出版していく予定です。

二〇一八年下半期からは、北京外国語大学と提携した逆レベル(日本語↓中国語)システムの開発がスタートしました。日本人から見れば中作文です。論説体における作文教材は現在のところ皆無に等しく、体系化された教材は望むべくもありません。しかし、中国側から見てもこのニーズは測り知れないほど大きいものです。今までの経験をも

とにこの面での理論構築と教材整備を精力的に進める予定です。日本と中国双方で行ってきたレベル式の普及活動については、巻末の年譜にまとめました。

論説体への取り組みは思わぬ副産物につながりました。日中異文化コミュニケーションです。九〇年代初め、ある企業から中国事情について話してくれ、という依頼が舞い込みました。私は時事の専門家ではないので即座に断ろうと思いました。ところが相手はこう言うのです。「中国事情について現代中国事情の専門家たちに講演をしてもらったが、内容が政治上の権力闘争や、中国の軍事的能力といった点に偏りすぎて、我々が必要とするビジネスに関する中国情報、中国とのビジネススタイルなどに関するサジェスチョンがほとんど得られない。あなたは、人民日報を隅から隅まで読んでいるそうだから、一つそういう視線で話してみてくれないか」ということでした。雲をつかむような話でしたが、ままよ、これも一つの経験、と腹を括って引き受けました。するとこれが意外に好評を博したのです。何が受けたのでしょうか。実は怪我の功名とはまさにこのことで、それまで歴史語法の研究で中国の小説、戯曲を読みふけっていたので、中国人の価値観、行動パターン、それを裏打ちする歴史的要因などに一定の知識を持っていました。それを現代に応用することで、中国人の言動行動パターンを理論的に分析することがある程度可能になり、それが彼らの対中国ビジネスでの困惑を一定程度解消させた、というわけです。

一九九三年～一九九五年は日系企業が集中豪雨のように中国に進出した時期で、これがきっかけとなって講演依頼が急に増えました。ちょうどそのころ、グローヴァの前身である海外放送センターの顧問になり、中国進出企業の企業研修に携わるようになったことが契機になりました。こうして、日中異文化の領域に足を踏み込んだわけですが、その面の研究はまさに泥縄です。そこで、人づてを頼りに異文化コミュニケーション研究会に参加し、ワラにもすがる思いで勉強を始めました。ところが、驚いたことに、二〇〇～三〇〇人ほどの会員の中に日中をテーマとするものが私だけなのです。日韓も一人だけでした。そしてその研究手法は基本的にキリスト教社会である欧米で開発された手法で、そのままでは中国には使えません。これは自分でやるしかないな、と覚悟を決めました。

ちょうどそのころ、東京外語大で親交があった外務省の松本夫妻と会う機会があり、この話をしたところ、奥様に「事務局は引き受けるから、日中異文化コミュニケーション研究会を自前で作りましょう」とお尻をたたかれ、代表世話人になって発足しました。こういった活動と様々な講演を通して、ようやく自分なりの日中異文化理解の理論構築を進めることができました。

次の転機は二〇〇一年です。中国のWTO加盟が実現したこの年、当時の海外放送センターの山口氏から、ネット上で時事コラムを週一回書かないか、というお誘いがありました。週一回書くことがどれほど大変かを考えもせず、やりましょう、と引き受けてから大変後悔しましたが後の祭り、漕ぎ出した船を引き返すわけにもいきません。日本の新聞各紙や人民日報などの記事を整理分類し、さらに、様々な専門誌を渉猟しながら、何とか今日まで書き続け、まもなく九〇〇回に達します。目標としてはあと二年で一〇〇〇回に達するので、そこで筆を置き、長年の夢である歴史小説の執筆に入りたいな、と思っています。

時事コラムを書くことで、企業などからの依頼がさらに増え、中国時事問題の専門家、という肩書が増えました。私の場合は異文化の視点から現代中国を読み解く視点が特徴になりますが、この視点の重要性を近年特に強く感じるようになりました。おかげで、コラム執筆の依頼も増え、現在はチャイナネット、北京日本商会、東海日中貿易センターなどでも執筆中です。

わたしと中国とのもう一つの関わりが、ほぼ毎年、もう三〇年近く行っている九月初めの中国一週間旅行です。地元の中国語市民講座参加者を中心に始めたこの活動は、SARSの流行や、私の個人的理由で数回休んだこともありますが、毎回テーマを決めて中国全土を回ってきました。これまた、広い中国の地域の違いを実感する上で大変役に立ちました。また、一九七七年の初訪中以来、年に平均三~七回中国を訪れたことで、身を以て改革開放のプロセスを実感し続けられたことも、チャイナウォッチャーとしてはありがたいことでした。私は一時期、学校行政に深く関わったため留学の機会を逸しておりましたので、上記のような活動は極めて有意義でした。

今年で古稀、大学の授業にも終止符を打つことになりますが、誰がつけたのか、「高速マグロ」という貧乏性で、常に何かやっていないと退屈する性格はなかなか治りそうにありません。唯一の趣味である料理と美食への追求、及び、歴史小説を書くという見果てぬ夢はいつまでも持ち続けたいと思います。

末尾ながら、本書の編集、出版に御尽力いただいたみなさま、これまで様々に支えて下さったみなさまに心から感謝、そして長い間支え続けてくれた最愛の妻にも心から感謝します。

三潴正道先生略歴（日中事項対照）

・年号は記さず西暦に統一した。
・年齢は当年8月の満年齢。
・「日中関係史関連事項」のうち、「　」をつけたものは日本側の用語、〃　〃をつけたものは中国側用語の日訳。

西暦	年齢	三潴正道関連事項	日中関係史関連事項
一九四八	○歳	8月25日、世田谷区経堂で出生	前年より、東西冷戦
一九四九	一		中華人民共和国成立、日中貿易促進協会発足
一九五〇	二		朝鮮戦争勃発、日中友好協会発足
一九五二	四		日中民間貿易開始
一九五三	五		周恩来の〃民間外交推進〃開始
一九五四	六	4月、東京都世田谷区立桜ケ丘小学校入学	中国、対日正常化の意思を初めて表明
一九五五	七		周恩来、対日政策三原則を示す、初の代表団訪日、初の日本国会議員代表団訪中
一九五六	八		日中国交正常化に向けたコミュニケ
一九五七	九		日本が国連加盟、中国で〃百花斉放、百家争鳴〃
一九五八	一〇		長崎国旗事件、中国の対日断交、中国〃大躍進政策〃開始

一九六一	一三	3月、同小学校卒業。4月、東京世田谷区立桜ヶ丘中学校入学	〃大躍進〃終結、毛沢東国家主席を退任
一九六二	一四		日中のLT貿易スタート
一九六三	一五	3月、同中学校卒業。4月、東京都立戸山高等学校入学	
一九六四	一六		仏、北京政府を承認
一九六五	一七	3月、同高等学校卒業	
一九六六	一八		プロレタリア文化大革命発動
一九六九	二一	4月、麗澤大学外国語学部中国語学科入学	米中接触の動き、珍宝島事件
一九七〇	二二		米、対中旅行制限・対中輸出を緩和
一九七一	二三		中国国連加盟（常任理事国）、ピンポン外交、キッシンジャー第一次訪中
一九七二	二四		田中政権誕生、日中国交正常化
一九七三	二五	3月、同大学卒業。4月、東京外国語大学大学院修士課程アジア第一言語専攻入学	石油危機
一九七四	二六		日中貿易協定締結
一九七五	二七	3月、同大学院修了。4月、麗澤大学外国語学部中国語学科助手	周恩来の〃四つの近代化〃、蔣介石死去
一九七六	二八		周恩来死去、第一次天安門事件、唐山大地震、

（一九七六）			毛沢東死去、〃四人組〃逮捕
一九七七	二九		文化大革命終結宣言
一九七八	三〇	4月、同専任講師	鄧小平最高指導者に、鄧小平訪日、日中平和友好条約締結、中国が外資導入を開始
一九七九	三一	4月、関東管区警察学校中国語科講師兼任（～一九八七年3月）	対中ODA開始、中越戦争勃発、中国一人っ子政策開始
一九八〇	三二	4月、立教大学中国語非常勤講師兼任（～二〇一四年3月）、麗澤大にてレベル授業開始	〃経済特区〃創設
一九八二	三四	4月、明治学院大学中国語非常勤講師兼任（～一九八七年3月）	中国のGDP四倍増をめざす近代化計画、〃中国の特色ある社会主義〃、趙紫陽首相訪日、第一次教科書問題
一九八三	三五		胡耀邦総書記訪日
一九八四	三六		中曽根訪中、対日貿易赤字問題
一九八五	三七	4月、麗澤大学外国語学部中国語学科助教授	中曽根首相靖国参拝問題、反日デモ、円高バブル景気により中国への企業進出加速
一九八六	三八	4月、同学科主任代行	第二次教科書問題
一九八七	三九		胡耀邦辞任
一九八八	四〇	4月、流通経済大学中国語非常勤講師兼任（同年度のみ）	
一九八九	四一		第二次天安門事件勃発するも、日本は同8月対中

（一九八九）			接触を再開、趙紫陽失脚、江沢民総書記に
一九九〇	四二	4月、麗澤大学外国語学部中国語学科主任（～一九九七年3月）	〃浦東新区〃建設
一九九一	四三	4月、学校法人広池学園評議員（～二〇〇四年3月） 4月、（株）海外放送センター（現GLOVA）中国語コース顧問（～現在）	海部首相訪中、バブル崩壊
一九九二	四四		鄧小平南巡講話、「ODA大綱」、天皇訪中
一九九四	四六		中国GDP四倍増計画達成
一九九五	四七		中国地下核実験に伴い、日本ODAの一部凍結
一九九六	四八		橋本首相靖国参拝
一九九七	四九		香港返還
一九九八	五〇	4月、湯島聖堂斯文会講師兼任（～二〇〇〇年3月）	江沢民主席訪日、日中環境保護協定、「平和と発展のための友好協力パートナーシップの構築
一九九九	五一	4月、大東文化大学中国語非常勤講師兼任（～二〇〇四年3月）、 麗澤大学国際交流センター長（～二〇〇四年3月）	マカオ返還
二〇〇〇	五二	3月、日中異文化コミュニケーション研究会代表世話人	朱鎔基首相訪日
二〇〇一	五三	12月、麗澤大学企業倫理研究センター	小泉首相靖国参拝、歴史認識問題で日中関係悪化

（二〇〇一）		研究員兼務	中国WTO加盟、〃走出去〃
二〇〇二	五四		在瀋陽日本総領事館北朝鮮人亡命者駆け込み事件、〃対日新思考〃
二〇〇三	五五		胡錦濤政権発足、SARS猛威をふるう、旧日本軍毒ガス爆発、「改訂ODA大綱」
二〇〇四	五六	4月、麗澤大学外国語学部中国語学科主任再任（～二〇〇八年3月）、麗澤大学経済社会総合研究センター	サッカーアジアカップ中国で開催、資源共同開発についての協議開始、〃三農問題〃クローズアップ
		研究員兼務（～現在）	
二〇〇五	五七		反日デモ、「エネルギー開発問題」、「日中総合政策対話」開始
二〇〇六	五八		安倍内閣発足、五年ぶりの首相訪中（氷を砕く旅）、中国《氷点週刊》歴史教科書問題
二〇〇七	五九		温家宝首相六年半ぶりの訪日、日中ハイレベル閣僚会議開始、福田康夫内閣発足、福田首相訪中
二〇〇八	六〇		四川大地震、胡錦濤主席訪日、北京オリンピック、中国製ギョーザ中毒事件、対中円借款終了
二〇〇九	六一		薄熙来事件、ラオックス蘇寧の傘下に入る、日本で民主党政権発足、中国が日本の最大の貿易パートナーとなる

二〇一〇	六二	NPO法人「日中翻訳活動推進協会」（通称而立会、注1）発足、理事長を務める（~現在） 上海財経大学国際商務漢語教学資源開発基地（上海）専科委員会委員（~現在）、共同でテキストの編纂を行う 商務漢語普及のための国際会議、この年第一回~二〇一六年6月の第四回、毎回「現代白話書面語とレベルシステム」について発表、反応急拡大	中国漁船拿捕事件 上海万博 劉暁波ノーベル平和賞受賞 中国、GDP世界第二位の経済大国に 中国、戸籍改革に着手 中国の自由経済区拡大
二〇一一	六三	5月、日本中国語教育学会で論説体読解力養成について講演	東日本大震災 尖閣諸島での漁船衝突事件 〃核心的利益〃論
二〇一二	六四		日本が魚釣島を国有化、中国で反日暴動 習近平総書記就任 〃中国の夢〃、〃イノベーション駆動型発展戦略〃 第二次安倍内閣発足
二〇一三	六五		対中ODA終了に向かう 習近平国家主席に就任 安倍首相靖国参拝、中国AIIBを提唱 上海に自由貿易試験区建設の構想

二〇一四	六六		周永康事件、令計画事件、〃キツネ狩り〃、〃新常態〃、〃現代的市場システム〃確立へ
二〇一五	六七		中国版ジャスミン革命、「レアアース問題」、〃国家安全法〃採択、「人民元ショック」、「安保関連法」強行採決、〃インターネット＋〃、訪日中国人観光客四九九万人に、「爆買い」、〃天網行動〃
二〇一六	六八	3月、文化部外文局（『人民中国』集部を含む）にて特別講義（論説体中国語読解）、外文局所属日語系職員二〇名 8月、文化部全国翻訳者育成夏季研修で集中トレーニング実施。受講者数一四名（『人民中国』雑誌社六名、チャイナネット二名、その他六名） この年より中国各大学にてレベルシステムを紹介（注2） 上海日本商工倶楽部、北京の中国日本商会で講演（二〇一七年にかけ五回）、9月、日本企業の中国人社員向けセミナー「論説体中国語読解力養成特別講座」、参加者約八〇名	パナマ文書問題 中国で〃二人っ子〃政策 中国、ビッグデータ基地建設に注力

（二〇一六）		10～11月、国際日本語放送がレベルシステムなどに関するインタビューを放映する またこの年、翻訳会社「北京大来」翻訳者がレベル添削に五名参加、而立会会員もトライアルに参加 麗澤大学経済経営総合センターに研究プロジェクトチームを設置	
二〇一七	六九	9月、逆レベル開発スタート、レベルシステム、10月より北京外国語大学日本語学科大学院において単位化（注3）	〃京津冀発展計画〃の進展、中国で新エネルギー車普及が始まる 習近平政権二期目、第六世代から政治局常務委員を選ばず
二〇一八	七〇	4月講座より人民中国雑誌社ネットフォロワー約一万六〇〇〇名に対しレベル三〇トレーニングシステムを案内、受講者募集実施、一八名受講 6月、人民日報で三潴の活動紹介記事 7月、文化部全国翻訳者育成夏季研修で集中トレーニング、江蘇省外事弁公室・江蘇省翻訳センターの特別授業 8月、北京ブックフェアで浙江出版集	中国全人代にて国家主席と国家副主席の任期を撤廃して習近平思想を盛り込む憲法改正案が成立 対中ODA終了が決定、第三国支援に向かう

（二〇一八）		団との提携による論説体関係教材整備プロジェクトのPR活動を展開（注４） 8月、人民日報にレベルシステム特集記事掲載

（年譜作成　高崎由理）

〔注記〕

1　NPO法人日中翻訳活動推進協会（通称而立会、理事長三潴正道、現在会員数約一八〇名）の活動は以下の通り。

・会員による翻訳活動　『いま中国が面白い』シリーズの刊行。

・而立会経由の依頼による翻訳活動（二〇一八年は六冊）。

・その他、会員個々による翻訳活動　特許庁のデータベース翻訳、翻訳会社からの依頼、その他企業関係、『月刊中国ニュース』などの雑誌、『中国情報局』などネットの翻訳業務。

・検定制度の実施。レベルシステム（論説体中国語読解力養成講座）では、左の各段階に分け級別認定。

レベル四突破　論説体中国語日訳六級
レベル六突破　論説体中国語日訳五級
レベル八突破　論説体中国語日訳四級
レベル一〇突破　論説体中国語日訳三級
レベル二〇突破　論説体中国語日訳二級
レベル三〇突破　論説体中国語日訳一級、而立会認定中日準翻訳士

・会員対象の認定試験を実施。

「中日翻訳士認定試験」合格　而立会認定中日翻訳士

「中日翻訳専修試験」合格　而立会翻訳研究院会員（中日翻訳）
・レベル添削事業の実施。
・対外提携　「八宝会」（企業連合提携）によるによる事業の促進。
・各機関への働きかけ。
　北京日本大使館、上海領事館、北京日本商会、ＪＥＴＲＯ、日中経済協会、日中投資促進機構、日中産学交流機構、東海日中貿易センター、日本在外企業協会など
・紹介ビデオの作成。
・而立会内部の活動。
　研究会の開催　添削者養成向け研究会／文法研究会／翻訳研究会(ネット上)
　レベル過去問データベースの構築

2
今後の活動方針　☆人民日報の文章を教材とし、以下の二点に関する活動を推進する。
①論説体翻訳力養成教育総合システム（中日、日中）の開発と関連教材の整備
②上記①を通した中国理解の推進、中国文化の発信
・レベルシステムを紹介した大学名
北京大学／北京外国語大学／北京第二外国語大学／西安外国語大学／天津外国語大学／上海財経大学
厦門理工学院／黒竜江大学
・講演を行った大学名
北京外国語大学／北京第二外国語大学／西安外国語大学／天津外国語大学／上海財経大学
厦門理工学院
・集中講義を行った大学名
北京外国語大学／北京第二外国語大学／西安外国語大学／天津外国語大学／厦門理工学院
・レベルシステム半年通信コースを学生が受講した大学

北京外国語大学／西安外国語大学／上海財経大学／厦門理工学院（学生一九名、日本研修で麗澤大学泊、受講する）

3　毎年、一〇名前後通信コースを受講、三月に一週間の集中講義を実施。

4　二〇一八年末現在、「レベル」講座が受講できる場所は左の通り。

⑴、株式会社ＧＬＯＶＡ通信講座、教室講座。ビデオ解説実施

⑵、日中学院　毎週月曜日開講

⑶、麗澤大学　正規授業（時事中国語）、社会人講座（土曜日開講）

⑷、外務省研修所　レベルテキスト使用、特許庁　レベル通信講座採用

・「レベル」関係出版書籍一覧

『時事中国語の教科書』シリーズ（朝日出版社　一九九四年〜）二三冊

『現代中国放大鏡』シリーズ（麗澤大学　二〇〇三年〜）一五冊

『いま中国が面白い』シリーズ（日本僑報社　二〇〇七年〜）一二冊

『論説体中国語読解力養成講座』（東方書店　二〇一〇年）

『ビジネスリテラシーを鍛える中国語』シリーズ（朝日出版社　二〇一二年〜）

『ビジネスリテラシーを鍛える中国語Ⅱ』（朝日出版社　二〇一三年）

『人民日報で学ぶ論説体中国語翻訳スキル』（浙江出版集団東京　二〇一七年）

『人民日報で学ぶ論説体中国語翻訳ドリル入門・初級』（浙江出版集団東京　二〇一八年）

〔年譜参考文献〕

藤野彰・曽根康雄編著『現代中国を知るための44章　第六版』（明石書店　二〇一六年）

毛利和子『日中関係　戦後から新時代へ』（岩波新書　二〇〇六年）

毛利和子『日中漂流　グローバル・パワーはどこへ向かうか』（岩波新書　二〇一七年）

三潴正道先生業績（研究・翻訳・テキスト）、その他

※以下、（研）（翻）（テ）（他）と略称

一九七四年
（翻）「針麻酔下脊髄神経反射の電気生理的学研究」共。『中華医学雑誌』三月号▼千葉大医学部との共同翻訳。以下同様。
「扁桃腺の迅速摘除術の革新」他四編。共。『中華医学雑誌』四月号
「アニソダミン関係論文」他二編。共。『中華医学雑誌』五月号
一九七六年
（研）「魏晋六朝に於ける〝見〟〝相〟〝為〟について」単。『麗澤大学紀要』第二二巻
一九七七年
（翻）『中国鍼灸学講義』部分翻訳担当。中国漢方
「穴位への二％ヨウ化カリウム注射による、地方病性甲状腺腫の治療」共。季刊『東洋医学』第一五号
一九八〇年
（翻）『中国漢方医語辞典』部分翻訳担当。中国漢方
一九八一年
（テ）『中国語初級Ⅰ・Ⅱ』共。広池学園出版部
（他）「小久保晴行著『毛沢東の捨て子達』書評」単。『知識』二四号
一九八二年
（他）「伊藤正著『中国の失われた世代』書評」単。『知識』二七号
一九八三年
（研）「相における指代作用の成立過程について」単。『麗澤大学紀要』第三五巻
「相與について」単。『中国俗文学研究』一号

「元曲『灰闌記』注釈」参加。『中国俗文学研究』一号
『日中ことわざ対照集』参加。燎原書店

一九八四年
(研)『中国古典戯曲総合索引』参加。東京外国語大学教育研究協議会
「元曲『後庭花』注釈」参加。『中国俗文学研究』二号

一九八五年
(研)「元曲『黒旋風』注釈」参加。『中国俗文学研究』三号
(テ)『実用漢語課本〈改編版〉』共。中国書店

一九八六年
(研)「元曲『燕青博魚』注釈」参加。『中国俗文学研究』四号

一九八七年
(研)「元曲『看銭奴』注釈」参加。『中国俗文学研究』五号

一九八八年
(研)「元曲『㑳梅香』注釈」参加共。『中国俗文学研究』六号

一九八九年
(研)「元曲『勘頭巾』注釈」参加共。『中国俗文学研究』七号
(テ)『中国の新聞を読もう』単。朝日出版社 ▼レベル授業開始(一九八〇〜)の成果を最初にテキストにしたもの。

一九九〇年
(テ)『兎子和狼』三潴・王歓共著。白帝社

一九九一年
(翻)「みかん姫」単。『中国の物語』柏中国民話の会所収。

(テ)『中国トピックス』単。朝日出版社
　『灵子和傻子』三潴・王歓共著。白帝社

一九九二年

(研)「中国語教育の問題点」単。麗澤大学『中国研究』創刊号
(テ)『現代中国走馬看花』三潴・王宣共著。朝日出版社

一九九三年

(翻)「見知らぬ人の帰還」単。麗澤大学『中国研究』二号―中国傷痕文学の翻訳。
(テ)『新・中国の新聞を読もう』単。朝日出版社

一九九四年

(研)「翻訳(中文和訳)ノート」単。麗澤大学『中国研究』三号
(テ)『中国語ドリルブック――文法作文練習帳』単。朝日出版社
　▼中国語基礎文法を学生の立場に立って分かり易く解説したテキスト。
『中国語研修基礎コース漢語読本』単。海外放送センター
『袖珍実用漢語手冊』単。海外放送センター
(他)「中国語教育の見直しと新しい研究システム」単。『HOTLINE』No.二四

一九九五年

(研)「現代中国新聞体と文語文法」単。麗澤大学『中国研究』四号
(テ)『すぐ使える中国語必要会話777』単。朝日出版社
　▼中国の漫画八五冊から五文字以内の日常よく使われる表現七七七を選び、三潴が考案した音譜式声調マスター方式を付したもの。
　麗澤大学中国語科の一年生は以後、留学前にこれをマスターすることを要求された。
(他)「企業の中国語研修に見る問題点」単。同学社『TONGXUE』第一〇号

「中国式交渉術」単。『HOTLINE』No.26

一九九六年

(テ)『現代中国一三の素顔』三潴・陳祖蓓共著。朝日出版社

『現代中国放大鏡』単。朝日出版社

『OBCビジネス中国語中級コース』単。海外放送センター

(他)「現代中国への理解と正しいアプローチⅠ」単。季刊『モラロジー生涯学習』一三八号

「異文化理解の出発点」単。『HOTLINE』No.27

一九九七年

(研)「現代中国新聞体と文語文法」単。『日本ビジネス中国語学会報』第五・六合併号

(他)「現代中国への理解と正しいアプローチⅡ」単。季刊『モラロジー生涯学習』一三九号

「中国を正しく理解する法——わからない中国からわかる中国へ」単。『HOTLINE』No.28

「時事中国語に強くなる」単。大修館『しにか』五月号

「時事中国語の翻訳」単。チャイニーズドラゴン紙、一九九七年六月号

一九九八年

(テ)『時事中国語の教科書一九九八—稳定压倒一切—』三潴・陳祖蓓共著（以下同）。朝日出版社

▼毎年の人民日報を中心に各メディアから中国最新情報を紹介した記事を精選、大学の中級向けテキストとして刊行。二〇一九年までで計二三巻刊行。

『中国語の音の世界——中国語発音テキスト』共。海外放送センター

『中国語初級会話上・下』共。海外放送センター

(他)「現代中国への理解と正しいアプローチⅢ」単。季刊『モラロジー生涯学習』一四〇号

「中国語研究者から見た人民日報のCD—ROM」単。東方書店『東方』二一三号

「中国現代史の不思議な周期性」単。『HOTLINE』No.30
「（中国の）新聞を読む――その効果的学習法」単。アルク『中国語をものにするためのカタログ　九九』所収

一九九九年

（テ）『時事中国語の教科書一九九九―越过太平洋―』共。朝日出版社
『現代中国放大鏡バージョンⅡ』単。朝日出版社
（他）「中国の現状とこれからの中国ビジネス」単。広池学園出版部『経営と道徳』一九九八年一二月号
「何が足りないのか？――日本企業の対中アプローチ」単。『HOTLINE』No.31

二〇〇〇年

（研）「吉川英治と金庸―小説『宮本武蔵』と『神鵰侠侶』を中心に―」単。水野治太郎・櫻井良樹・長谷川教佐編『「宮本武蔵」は生きつづけるか―現代世界と日本的修養―』文真堂所収
▼比較文化の観点から日中人気大衆作家の作品を比較。
（テ）『時事中国語の教科書二〇〇〇―知难而进―』共。朝日出版社
『楽しく話そう中国語』三潴・楊光俊共著。朝日出版社
（他）「異質と異文化――心の豊かさへの誘い」単。麗澤大学『まなびとぴあ』第四一号

二〇〇一年

（テ）『時事中国語の教科書二〇〇一―走出去吧―』共。朝日出版社
『トラブらないトラベル会話　中国を旅する』高橋優子著。三潴監修。三修社

二〇〇二年

（研）「日中異文化コミュニケーション論序説（一）」単。麗澤大学『中国研究』第一〇号▼日中異文化論構築のための初歩的試み。

（翻）『倫理法令順守マネジメントシステム』三潴監訳。広池学園出版部
（テ）『時事中国語の教科書二〇〇二―入世―』共。朝日出版社

『現代中国放大鏡バージョンⅢ―绿色通道―』単。朝日出版社

二〇〇三年

(研)『中国時事問題解説〈現代中国放大鏡〉第一巻』単。麗澤大学

▼週一回、ネット上に掲載したコラムを年毎にまとめ、概説・写真などを付したもの。二〇一八年までで計一六巻刊行（継続中）。

「日中異文化コミュニケーション論序説（一）」単。麗澤大学『中国研究』第一一号

(テ)『時事中国語の教科書二〇〇三―诚信建设―』共。朝日出版社

『現代中国走馬看花―新訂版―』三潴・楊光俊共著。朝日出版社

二〇〇四年

(研)『中国時事問題解説〈現代中国放大鏡〉第二巻』単。麗澤大学

「日中異文化コミュニケーション論序説（三）」単。麗澤大学『中国研究』第一二号

(テ)『時事中国語の教科書二〇〇四―奔小康―』共。朝日出版社

『中国語――話すためのルールⅠ・Ⅱ〈本科〉』三潴主編。海外放送センター

二〇〇五年

(研)『中国時事問題解説〈現代中国放大鏡〉第三巻』単。麗澤大学

(翻)『ジャパンスナップ』三潴監訳。日本僑報社

「日本での思いを託した詩十首」単。日本僑報社「春華秋実」所収

(テ)『時事中国語の教科書二〇〇五―以人为本―』共。朝日出版社

『知りたいことがしっかりわかる実戦中国語文法』単。朝日出版社

▼『中国語ドリルブック――文法作文練習帳』（一九九四年）の改訂版。

二〇〇六年

(研)『中国時事問題解説〈現代中国放大鏡〉第四巻』単。麗澤大学

（翻）『氷点停刊の舞台裏』而立会訳・三潴監訳。日本僑報社▼中国内部における権力闘争の内幕を明るみにした書の翻訳。
（テ）『時事中国語の教科書二〇〇六―和谐社会―』共著。朝日出版社

二〇〇七年

（研）『中国時事問題解説〈現代中国放大鏡〉第五巻』単。麗澤大学
「中国語論説体読解力養成授業システム開発の試みとその成果について」単。麗澤大学『中国研究』第一五号
（翻）『今、中国が面白い二〇〇七』而立会訳・三潴監訳。日本僑報社
▼人民日報より、庶民の生活に密着した記事を精選、而立会会員の協力を得て、翻訳紹介。二〇一八年まで毎年計一二巻刊行した。
（テ）『時事中国語の教科書二〇〇七―八荣八耻―』共。朝日出版社
『やさしいビジネス中国語』三潴・金子伸一共著。朝日出版社
『現代中国の軌跡』三潴・松田徹共著。金星堂
▼二〇一一年から胡錦濤政権までの近現代史を分かり易く解説した初めてのテキスト。

二〇〇八年

（研）『中国時事問題解説〈現代中国放大鏡〉第六巻』単。麗澤大学
「中国語論説体読解力養成授業システム添削ノート」単。麗澤大学『中国研究』第一六号
「二〇〇三年以後の中国環境政策の変化とその問題点」単。麗澤大学経済社会総合研究センター Working Paper No.28 所収
（翻）『今、中国が面白い二〇〇八』而立会訳・三潴監訳。日本僑報社
（テ）『時事中国語の教科書二〇〇八―融冰之旅―』共。朝日出版社

二〇〇九年

（研）『中国時事問題解説〈現代中国放大鏡〉第七巻』単。麗澤大学
（翻）『今、中国が面白い二〇〇九』而立会訳・三潴監訳。日本僑報社

(テ)『時事中国語の教科書二〇〇九─北京奥运─』共。朝日出版社
(他)「巨大消費市場・豊富な地下資源『五縦七横』道路と『万村千郷』プロジェクト」単。WEC社『WEC』二月号所収。
「世界同時不況乗り切りに自信の中国」単。WEC社『WEC』六月号所収。

二〇一〇年
(研)《中文报刊文体〝水平〟教学模式得实践和成果》単。中外商务合作跨文化交际与商务汉语教学国际研讨会 上海财经大学国际商务汉语教学与资源开发基地(上海)
『中国時事問題解説〈現代中国放大鏡〉第八巻』単。麗澤大学
「中国における『社区』の試みと共産党・政府の『社区』対策」単。麗澤大学経済社会総合研究センター Working Paper No.38 所収
(翻)『今、中国が面白い二〇一〇』而立会訳・三潴監訳。日本僑報社
(テ)『時事中国語の教科書二〇一〇─保八─』共。朝日出版社
『論説体中国語読解力養成講座』単。東方書店─論説体に関する日本初の本格的教材。
(他)「中国の八%成長を支える内需拡大」単。WEC社『WEC』五月号所収。

二〇一一年
(研)『中国時事問題解説〈現代中国放大鏡〉第九巻』単。麗澤大学
「中国の〝法から身を守る文化〟によって醸成された言動・行動様式」単。多文化関係学会編『多文化社会日本の課題多文化関係学からのアプローチ』明石書店所収
(翻)『今、中国が面白い二〇一一』而立会訳・三潴監訳。日本僑報社
(テ)『時事中国語の教科書二〇一一─让生活更美好─』共。朝日出版社
(他)「世界第二の経済大国、五カ年計画で前進」単。WEC社『WEC』六月号所収。

二〇一二年

（研）《关于日本丽泽大学与中国上海财经大学汉语教学工作者共同编著的商务汉语教材『ビジネスリテラシーを鍛える中国語Ⅰ』的概念和意义》単。案例式商务汉语与跨文化交际国际研讨会　上海财经大学国际商务汉语教学与资源开发基地（上海）

▼『論説体中国語読解力養成講座』（二〇一〇年）を基礎に、本格的な論説体翻訳能力をトレーニングする、経済関係を中心としたテキスト編纂における日中協力について紹介。

（翻）『今、中国が面白い二〇一二』而立会訳・三潴監訳。日本僑報社

（テ）『時事中国語の教科書二〇一二—中国模式—』共。朝日出版社

『中国時事問題解説〈現代中国放大鏡〉第一〇巻』単。麗澤大学

「中国伝統文化「中医薬」産業化への取り組み」単。麗澤大学経済社会総合研究センター Working Paper No.44 所収

『ビジネスリテラシーを鍛える中国語Ⅰ』三潴・金子伸一・王恵玲・盧恵恵共著。朝日出版社。

▼論説体長文読解力の養成と経済・産業政策理解のためのテキスト。

（他）「日中関係と薄熙来事件が絡む党内権力闘争」単。ＷＥＣ社『ＷＥＣ』一二月号所収。

二〇一三年

（研）『中国時事問題解説〈現代中国放大鏡〉第一一巻』単。麗澤大学

（翻）『今、中国が面白い二〇一三』而立会訳・三潴監訳。日本僑報社

（テ）『時事中国語の教科書二〇一三—换届之年—』共。朝日出版社

『ビジネスリテラシーを鍛える中国語Ⅱ』三潴・金子伸一・王恵玲・盧恵恵共著。朝日出版社。

▼Ⅰのさらに上の段階である中国語商用・法律文書読解力の養成と内容理解のためのテキスト。

（他）「書き言葉・論説体」単。コスモピア社『決定版！中国語学習ガイドブック』所収。

二〇一四年

（研）《从韵律角度看白话书面语中〝论说体〟的特征初探》単。第五届中外商务合作跨文化交际商务汉语教学国际研讨会　上海

財经大学国际商务汉语教学与资源开发基地（上海）

▼主として韻律の面から論説体の特徴を解明するための手がかりを探る内容。

『中国時事問題解説〈現代中国放大鏡〉第一二巻』単。麗澤大学

「中国の『都市化問題』に関する論議の推移と深化の検証」単。麗澤大学経済社会総合研究センター Working Paper No.62 所収▼あるテーマの概念を如何に深めていくかを、都市化をテーマに、克明にトレースして、その論法を解明。

（翻）『今、中国が面白い二〇一四』而立会訳・三潴監訳。日本僑報社

（テ）『時事中国語の教科書二〇一四―推向市场―』共。朝日出版社

『二〇一四論説体中国語読解練習帳初中級編』西暢子・古屋順子・三潴正道・吉田祥子共著。東方書店

『二〇一四論説体中国語読解練習帳中上級編』西暢子・古屋順子・三潴正道・吉田祥子共著。東方書店

二〇一五年

（研）「韻律から見た現代中国語白話書面語（論説体）の特徴」単。『麗澤大学紀要』第九八巻所収

▼二〇一四年の上海での発表をもとに加筆しまとめたもの。

『中国時事問題解説〈現代中国放大鏡〉第一三巻』単。麗澤大学

（翻）『今、中国が面白い二〇一五』而立会訳・三潴監訳。日本僑報社

（テ）『時事中国語の教科書二〇一五―中国梦―』共。朝日出版社

『二〇一五論説体中国語読解練習帳初中級編』岩本美佐子・西暢子・古屋順子・三潴正道・吉田祥子共著。東方書店

（他）「金丸邦三先生を偲ぶ」三潴。麗澤大学『中国研究』第二三号所収

二〇一六年

（研）「読解力養成の試み―現代白話書面語（論説体）への取り組みを中心に―」単。中国語教育学会『中国語教育』第一五号所収

『中国時事問題解説〈現代中国放大鏡〉第一四巻』単。麗澤大学

「中国経済における民間活力導入の現状」単。麗澤大学経済社会総合研究センター Working Paper No.71 所収

(翻)『今、中国が面白い二〇一六』而立会訳・三潴監訳。日本僑報社

(テ)『時事中国語の教科書二〇一六―新常态―』共。朝日出版社

二〇一七年

(研)『中国時事問題解説〈現代中国放大鏡〉第一五巻』単。麗澤大学

(翻)『今、中国が面白い二〇一七』而立会訳・三潴監訳。日本僑報社

(テ)『時事中国語の教科書二〇一七―互联网+―』共。朝日出版社

『知りたいことがしっかりわかる実戦中国語文法―改訂版―』単。朝日出版社

『人民日報で学ぶ「論説体中国語」翻訳スキルⅠ』単。浙江出版集団東京▼長文読解用のテキスト。

二〇一八年

(研)『中国時事問題解説〈現代中国放大鏡〉第一六巻』単。麗澤大学

「中国の新たな試み：産業構造改革と伝統文化再構築の融合」単。麗澤大学経済社会総合研究センター Working Paper No.87 所収

(翻)『習近平の思想と知恵』単。科学出版社東京

▼習近平の思想的根拠を解明するための基礎を為す部分に焦点。

『中国国防』吉田祥子訳、三潴監訳。科学出版社東京

『中国経済』高崎由理訳、三潴監訳。科学出版社東京

『中国教育』平野紀子訳、三潴監訳。科学出版社東京

『中国政治』井田綾・高崎由理・吉田祥子訳、三潴監訳。科学出版社東京

▼上記四冊は、中華人民共和国成立以来の各分野のこれまでの展開を克明に記したもので、現代中国の軌跡を知る上で必須となる。

『今、中国が面白い二〇一八』而立会訳・三潴監訳。日本僑報社

（テ）『改訂：海外派遣者ハンドブック・中国編』主査三潴。日本在外企業協会

▼中国ビジネスに従事する者にとって当然心得ておくべきことを具体的に解説。

『時事中国語の教科書二〇一八―一帯一路―』共。朝日出版社

『人民日報で学ぶ論説体中国語翻訳ドリル（入門・初級）』単。浙江出版集団東京

▼論説体に関する初めての本格的練習ドリル。

（他）「中国、ちょっといい話」単。『くずの花』日中友好協会東葛支部所収

「中国式成長パターンで進む一帯一路」単。日本在外企業協会『グローバル経営』No.418所収

「中国式考え方は変わらない」単。日本在外企業協会『グローバル経営』No.423所収

二〇一九年

（テ）『人民日報で学ぶ論説体中国語翻訳ドリル（初級・中級）』単。浙江出版集団東京

附：ネットコラム

（株）グローヴァ　週刊「現代中国放大鏡」　二〇〇一～（二〇一八年末現在八五〇号）

国際科学技術機構　月刊「日中異文化どっちもどっち」　二〇一六～二〇一八（一七号）

チャイナネット　隔週刊「日中面白文化考」　二〇一六～（二〇一八年末現在七八号）

東海日中貿易センター　月刊「日中ビジネス『和睦相処』」　二〇一七～（二〇一八年末現在二五号）

中国日本商会　月三回「中国『津津有味』」　二〇一八～（二〇一八年末現在三三号）

クラウドファンディングにご協力いただいた方々（順不同、敬称略、掲載希望者のみ）

HIRAMA HATSUMI
jinjing09
kuratets
minmin
NorikoH
ready
tyjsuno
usap
Ying-jeou Mokada
伊藤直子
伊藤美亜
陰京平
及川香織
長田格
角田由紀子
カラス
北村亜美
國松君惠
栗田久里子
小松原有子
小松由美子
小山里司
三枝博
陶山聖子
杉野公子
田中有紀子
中↓日翻訳ユニット「N組」
土肥由美子
徳永憲昭
富窪高志
中尾公美
中川洋子
中村邦子
ニシノブコ
袴田奈々
益田伸子
松橋夏子
みき
宮澤優治
牟礼朋子
横井邦弘
吉田祥子
リティン
井上小華
井上正弘
井田綾
鵜沢
加藤浩志
角田由紀子
笠原寛史
岩本美佐子
玉融
熊澤みどり
江川明音
守屋一雄
出島和宏
春巻
小沢千代子
小島温子
水野江文
青山恭子
川口亮子
相原郁子
張雋穎
渡辺真美
望月霞
北山泰子
柳川英子
柳川俊之
落合中国文化振興会
落合理子
李愛花
鈴木博子
廣津明果
齋藤達也
齋藤安奈

【執筆者一覧】（掲載順）

三潴正道（みつま　まさみち）　NPO 法人日中翻訳活動推進協会（通称「而立会」）理事長、麗澤大学客員教授

金子伸一（かねこ　しんいち）　而立会会員

井田　綾（いだ　あや）　而立会会員、中国語講師

柳川俊之（やながわ　としゆき）而立会会員、フリー翻訳者

山口政宏（やまぐち　まさひろ）株式会社グローヴァ　中国語研修部門責任者

松田　徹（まつだ　てつ）　麗澤大学外国語学部教授

陳　玉雄（ちん　ぎょくゆう）　而立会会員、麗澤大学経済学部准教授

西　暢子（にし　のぶこ）　而立会会員、麗澤大学非常勤講師

【初出一覧】 ※収録にあたって一部加筆・訂正しました。

スミレ物語（而立会会報巻頭言、2016 年 2 月）

「韻律から見た現代中国語白話書面語（論説体）の特徴」初探

（麗澤大学紀要第 98 巻 73 ～ 78 頁、2015 年 1 月）

吉川英治と金庸――小説『宮本武蔵』と『神鵰侠侶』を中心に

（『「宮本武蔵」は生き続けるか』文真堂、2000 年）

中国の「都市化問題」に関する論議の推移と深化の検証

（麗澤大学経済社会総合研究センター Working Paper　No.62）

『習近平の思想と知恵』訳者まえがき

（『習近平の思想と知恵』科学出版社東京、2018 年）

金丸邦三先生を偲ぶ（『中国研究』第 23 号、麗澤大学中国研究会、2015 年）

梅と桜（月刊「日中異文化どっちもどっち」第 11 号、2017 年 6 月）

中国における「民間貸借」の発展とその論理

（成城大学経済研究所研究報告 No.76、2017 年 3 月）

三潴正道先生の古稀をお祝いする会　実行委員

井田　綾　　高崎由理

舩山明音　　古屋順子

花菫——三潴正道先生の古稀を記念して

二〇一九年二月一五日　初版第一刷発行

編　者　三潴正道先生の古稀をお祝いする会
発行者　原　雅久
発行所　株式会社 朝日出版社
〒一〇一—〇〇六五　東京都千代田区西神田三—三—五
TEL　〇三—三二六三—三三二一
FAX　〇三—五二二六—九五九九

組　版　古屋順子（ともえ企画）
カバー装画　平野紀子
印刷・製本　協友印刷株式会社

ISBN978-4-255-01104-2 C0095